[美] 史蒂夫·帕弗利纳（Steve Pavlina） 著
一炜 译

聪明人的个人成长

Personal Development for Smart People

The Conscious Pursuit of Personal Growth

机械工业出版社
China Machine Press

图书在版编目（CIP）数据

聪明人的个人成长 /（美）史蒂夫·帕弗利纳（Steve Pavlina）著；一炜译. -- 北京：机械工业出版社，2022.5（2025.1重印）

书名原文：Personal Development for Smart People: The Conscious Pursuit of Personal Growth

ISBN 978-7-111-70625-0

I. ①聪… II. ①史… ②一… III. ①人才成长–通俗读物 IV. ①C961-49

中国版本图书馆CIP数据核字（2022）第091795号

北京市版权局著作权合同登记　图字：01-2022-1170号。

Personal Development for Smart People: The Conscious Pursuit of Personal Growth

Copyright © 2008 by Steve Pavlina

Originally published in 2008 by Hay House Inc.

Simplified Chinese Translation Copyright © 2022 by China Machine Press.

Simplified Chinese translation rights arranged with Hay House Inc. through Bardon-Chinese Media Agency. This edition is authorized for sale in the Chinese mainland (excluding Hong Kong SAR, Macao SAR and Taiwan).

No part of this book may be reproduced or transmitted in any form or by any means, electronic or mechanical, including photocopying, recording or any information storage and retrieval system, without permission, in writing, from the publisher.

All rights reserved.

本书中文简体字版由Hay House Inc.通过Bardon-Chinese Media Agency授权机械工业出版社在中国大陆地区（不包括香港、澳门特别行政区及台湾地区）销售。未经出版者书面许可，不得以任何方式抄袭、复制或节录本书中的任何部分。

聪明人的个人成长

出版发行：机械工业出版社（北京市西城区百万庄大街22号　邮政编码：100037）

责任编辑：杨振英

责任校对：殷　虹

印　　刷：北京机工印刷厂有限公司

版　　次：2025年1月第1版第10次印刷

开　　本：147mm×210mm　1/32

印　　张：10.375

书　　号：ISBN 978-7-111-70625-0

定　　价：69.00元

客服电话：(010) 88361066　68326294

版权所有·侵权必究

封底无防伪标均为盗版

谨以此书献给我的妻子艾琳，
是你教会我如何去爱。
我们的灵魂共舞！

译 者 序

这本书能在国内翻译出版,还真是一个巧合。

作者史蒂夫·帕弗利纳,是全球个人成长领域的一个"大神"。他的个人网站访问量过亿,每天都有来自世界各地的读者阅读他的文章。然而,国内知道他的人并不多。

我是在 2017 年读到他写的这本书的,当时颇费周折买到了进口纸质书。读完觉得,此乃"神器"啊!我甚至在 2017 年 11 月 12 日给作者史蒂夫发了一封邮件,表示希望将这本书翻译成中文出版。最终由于版权原因没有实现,这件事就搁下了。

一晃就是三年多。2021 年 2 月 20 日,我偶然在知乎上看到一个提问:你读过的最冷门但"含金量极高"的书是什么?

我一下子就想到了这本书。含金量高却又实在冷门,我非常希望能有更多的人知道它。于是,我洋洋洒洒写了 6000 多字,认真回答了这个问题,但之后就忙自己的事去了。

出乎意料的是,点赞量迅速攀升。这篇回答,在一年多的时间里积累了超过 7 万点赞量、22 万收藏量,不断有读者在下面留言:哪里能买到这本书?什么时候能有中文版?

机械工业出版社的编辑看到了这篇回答,一番周折,最终联系国外出版社把版权买了下来,并邀请我来翻译。

就是这样的机缘巧合,让这本书最终呈现在大家面前。

这本书的核心内容很简单,就讲一件事:个人成长。

如今大家经常讲个人成长,但个人成长到底是怎样的事?读书算吗?健身算吗?工作算吗?

我曾经在很多年里,都对这个问题感到困惑。

我们在日常生活中取得的每一个小改进,其实都是一次个人成长。也正因此,我们有时会觉得个人成长是一件有点散乱、不成系统的事情。好像感觉什么都能算个人成长,却又好像从来都没见过真正成体系的阐述。

实际上,个人成长是一件系统性的事情,这件事有它的基本原则。

这本书的厉害之处,就是它用一种结构化的思维模式,给"个人成长"这件事搭建了一个完整的系统:这个系统由七条原则组成,各条原则之间相互关联,又能两两组合,既有理论也有实践方法,最终形成一套完整的个人成长指南。

在读这本书的过程中,一开始你可能会感到有些抽象,有些摸不着头脑,有些模糊。没关系,继续往下读,你会逐渐形成越来越清晰的概念,找到越来越清晰的结构。

史蒂夫是一个计算机专业和数学专业出身的理工男。所以,在这本书里,有时你会看到也许是理工男特有的那种理想主义,甚至有点偏执和绝对。比如,他想要建立一个满足"通用性""完整性""不可再分性"等一系列标准的原则系统(见引言)。

同时，史蒂夫也是一个热衷于心灵探索的人。于是在一些地方，你可能发现他又有一点"神神道道"（比如爱原则和一体原则）。

史蒂夫就是一个具有这样风格的作者。如果你有不认同的地方，没关系，先跳过去，然后去寻找书中那些能给你带来启发的内容。相信我，你一定能找到。

在我看来，史蒂夫给出的答案其实并不完美，有些内容并没有足够环环相扣，因为个人成长的原则毕竟不是数学公式。但是，耐心读下去你会发现，书中经常会出现某个段落让你恍然大悟，让你感到无比震撼。

我自己在很大程度上是受这本书的启发，离开华为，创建"个人成长之行"公众号，做自由译者，完成了一个又一个重要的人生转变。在个人成长的道路上，我认识了越来越多的朋友，也看到了越来越精彩的世界。

希望这本书也能给你带来启发，让你的生活变得比以前更好，哪怕只是一点点。

这才是最重要的。

一炜

2022 年 5 月 30 日

目 录

译者序

引言 / 001

第一部分 基础原则
015

第 1 章 真实 / 016

真实原则有五个重要组成部分：觉察、预测、准确度、接纳、自我认知。成长的一个最主要的途径是：持续发现更多关于我们自己、关于外部世界的现实真相。

第 2 章 爱 / 046

爱原则有三个重要组成部分：联结、交流、共鸣。人生中的所有问题，背后都隐含着一个基本选择：要什么，以及不要什么。

第 3 章 能量 / 070

能量原则有六个重要组成部分：责任、欲望、自主选择、专注、努力行动、自律。你能够清醒自主地创造周围世界。

第 4 章　一体　/ 099

一体原则有六个重要组成部分：共情、悲悯、坦诚、公平、贡献、联合。一体是纯粹的、没有条件的爱。

第 5 章　主导　/ 118

主导原则有五个重要组成部分：指挥权、有效性、坚持、自信、重要性。主动把认知和行动结合起来，在人生中收获实际成果。

第 6 章　勇气　/ 137

勇气原则有四个重要组成部分：真实本心、发起行动、直截了当、荣耀感。勇气是一种选择，是个人成长道路上必不可少的一部分。

第 7 章　清醒自主　/ 154

清醒自主原则有五个重要组成部分：真实性、创造性的自我表达、成长、流动、美。清醒自主，是真实、爱与能量原则相结合的生命状态。

第二部分
实践应用
179

第 8 章　习惯　/ 180

习惯，是一种自动储存的解决方案，也是大脑进行时间管理的工具。通过阅读本章，你可以清醒自主地评估自己的现有习惯，找出想建立的新习惯，并且掌握实用方法，实现永久的转变。

第 9 章　职业　/ 206

本章将从非常详细的层面探讨职业。如果你想拥有满意的职业，就必须清醒自主地做出选择。如果你发现自己走在了偏离本心的路上，那就选择离开，越快越好。

第 10 章　金钱　/ 228

本章将分享看待金钱的完整视角。如果你想获得财富，同时又不降低自己的底线，就需要让自己的收入遵循真实、爱与能量的原则。如果你在为社会做出有价值的贡献，那就理应获得回报。

第 11 章　健康　/ 254

身体是一个通道，经由这个通道，你才能够向外部世界表达自己。物质世界是一个大画布，而身体就是你的画笔。身体的健康至关重要。

第 12 章　关系　/ 272

人与人之间的关系是我们学习和成长的丰富源泉。我们人生中最大的奖赏来自关系，最大的挑战也来自关系。真实、爱与能量原则能极大地简化关系，帮助我们建立清醒自主的、有爱的人际联结。

第13章　心灵　/ 296

"心灵"这个词指的是你对于现实世界信念的集合，包括你怎样理解现实世界的运行，以及怎样理解自己在这个世界中所扮演的角色。

后记　/ 317

资源　/ 319

关于作者　/ 321

引 言

> 当处理一个问题的时候,我从来没考虑过"美"。我脑子里想的都是该怎样解决这个问题。但当我完成之后,如果发现解决方案不是优美的,那么我就知道,一定是哪里不对。
>
> ——巴克敏斯特·富勒

你是否还记得,在人生中的哪一个时刻,你第一次对"个人成长"产生了兴趣?我记得很清楚,那是1991年1月,我因为盗窃被捕,坐在看守所的一个牢房里。那年我19岁。

我在看守所里待了很多天,每天什么事都不做,就只是思考自己的愚蠢。生活在我的面前崩塌了。

高中时我是一个全科得A的荣誉学生,数学协会会长,学院十项全能项目的队长。1991年时我在加州大学伯克利分校上学,读计算机科学专业,前途看起来一片光明。但后来不知道为什么,我亲手把这些都毁掉了。

从看守所暂时被放回家,等待出庭的第三天,我收到了学校的通知信:我被开除了。如果你压根就不去上课,平均成绩几乎是零分，学校当然会这么做。就在那一刻，我意识到摆在自己面前的有两个选择：成长，或者放弃。

我也希望自己能跟你们说，在这些事情结束之后，我的个人成长开始突飞猛进。但事实并非如此，实现生活的转变依然异常困难。

我告别了伯克利的朋友们，搬回了位于洛杉矶的老家。我开始做一份薪水微薄的销售工作。我其实可以找到赚钱更多的工作，我只是不愿意。我只想保持低调，做个隐形人，维持一段平静的生活，不要有太多压力，也不要有太多兴奋的事。所谓"勇气"，似乎已经变成了我的敌人。

在接下来一年的平静生活里，我进行了向内的探索。我逐渐建立起了能指引自己的一套全新道德标准，其中包括荣耀、诚实、慷慨、谦卑、公平，等等。这个清醒自主的自我重建过程一直持续了好几年。随着时间的推移，我的自我感觉重新变好。我想，应该重新上大学。如果能拿到计算机学位，也算是在一定程度上弥补了自己过去犯下的错。

1992年秋天，我被加州州立大学录取，重新成为一个大一新生。这所学校的计算机专业并不抢手，所以给了新生足够的选择空间。我曾经被伯克利分校开除过，所以写了一个申请表保证出勤，他们才最终接纳了我。如今我不再是19岁时的那个自己，很多事情都变了。我有了对个人成长的渴望，我有一种强烈的期待，这次一定要做最好的自己。

我打心里觉得，自己现在已经比同龄人落后了三年，我不能忍受再花四年时间才拿到学位。我也知道，自己就是那个应该对现状全权负责的人。我很想加速前进。于是，我设定了一个非常有野心的目标：每个学期完成别人三倍的课程量，只用三个学期拿到学位。

知道我这个想法的人都觉得我疯了，但他们并不能看到我的内心。我彻底下定了决心，我知道没有什么能阻碍我实现这个目标。

为了准备好应对高负荷的任务，我学习了很多时间管理技能，每次学到新东西就马上用起来。我每天都听激励人心的录音，好让自己保持积极的心态；我每天都运动，这样能很好地缓解压力；我找到很多好方法，显著提高了自己的产出效率。

我体验到了极高的内在能量和动力，我知道这次终于能做最好的自己了。我非常努力地学习，在班上名列前茅，我甚至还在求学过程中多修了一个数学学位。毕业的时候，我被授予了当年最优秀学生的特殊荣誉。

最后一个学期，在学业之外我还兼职做程序开发，为当地一个工作室开发了几个游戏；我还是学校计算机协会的副会长。这些事情需要主动付出很多努力，但最终我达成了目标，只用三个学期就拿到了计算机学位。在一定程度上，这减轻了我对于过往错误的痛心和愧疚，补上了我本该学习的宝贵知识。

毕业几个月之后，我创建了自己的游戏开发公司，同时开始跟未来的妻子约会。但是，个人成长在我这里始终有着最高的优先级。我并不知道，自己将在一生中持续追求清醒自主的个人成长，而那时一切才刚刚开始。

接下来的几年里，我读了几百本书，听了几十摞磁带，内容涵盖个人成长的诸多方面，比如心理学、自我激励、成功学、效率提升、职业发展、难题解决、健康、财富、清醒生活、身心灵、冥想……

不得不承认，在个人成长领域，我吸收到的信息大多数都不太管用。那些作者都充满热情，但他们的想法往往不够有原创性，或者前后不一致，或者不够恰当、不够完整、实操性不够强、理念不够正确……我很怀疑，他们中的一些人夸大了自己取得的成就。如果你是一个热衷于这些作品的读者，我想你应该也遇到过类似的问题。比如，买了一本关于饮食的书，结果却发现它只是一个被伪装得很好的营养品广告。

当然，我也确实读到过一些真正充满智慧的内容，这些内容给我带来了全新的洞见，帮助我优化了自己的生活。**但是，我最重要的那些突破，通常都来源于自己的亲身尝试，而不是来源于疯狂阅读别人写的东西。**

我的游戏公司经营了很多年（有些时候挺成功，也有些时候不顺利），与此同时，我也一直保持着对个人成长的热爱。但随着时间的推移，我逐渐失去了对游戏开发的兴趣，越来越觉得游戏生意没法给自己带来成就感。

于是，我决定把自己在个人成长方面的爱好变为主业。

创建 StevePavlina.com 网站

2004年,我跟妻子、孩子一起从洛杉矶搬到了拉斯维加斯。也就是在这一年的10月,我正式停止了游戏生意,创建了自己的个人成长网站:StevePavlina.com。

我开了一个博客,写文章,录音频,把自己过去十几年里学到的东西分享出来。在接下来的三年里,我创作了大量内容,足够装满20本书,而我感觉自己才刚刚开始。我把这些内容全都免费分享了出去。与此同时,网站也带来了一些收入,主要来自广告、分销、读者赞赏等。

我刚开始做这些的时候,其实在个人成长领域没有任何名声。借助互联网的力量,网站很快成为全球个人成长领域最受欢迎的网站之一,有超过150个国家及地区的读者阅读我的文章。这些都来自口碑传播,因为人们一旦从这些免费内容中受益,往往会分享给自己的朋友、家人、同事……

我从来没在营销推广上花过一分钱,没有产品,没有员工,没有固定客户,但这个网站却能给我带来每个月上万美元的收入。这甚至又吸引了更多人来浏览我的网站,因为人们很好奇我到底做了什么,分享免费内容却能获得这么多收入。

所有这些免费内容,现在依然可以在网站上看到,每个月我还会发布更多新内容。

运营网站极大地增长了我在个人成长方面的知识,因为我有机会跟非常多的读者交流他们遇到的问题。在跟读者上千次的交流之后，我逐渐发现了诸多问题背后隐藏的一些规律。我还发现，每当我针对某个主题写出一篇文章时，人们通常能从文章中选取一部分理念，应用到完全不同的其他领域。比如，我写一篇关于睡眠的文章，人们却能从中找到某些通用的东西，应用到自己的生意中去。

于是我开始思考：是不是在我们看起来纷繁复杂的成长经历背后，隐藏着某种通用的原则？

聪明人的个人成长，到底指什么

聪明人的个人成长，这是我惯用的一个术语，用来概括我在个人成长上的方法论。除了解决一些简单问题（比如怎样健康饮食，怎样赚更多钱），我还想试着回答一个难题：**对我们每一个具备清醒意识的人来说，到底什么才算是成长，以及我们怎样清醒自主地实现成长？**

在我的人生中，有两条线引导着我去解决这个问题。第一条线，是我对"清醒自主"理念的长期兴趣；第二条线，是我对"个人成长"这件事的持续钻研。

第一条线，在学计算机的时候，我专攻的是"人工智能"这个问题。我知道创建一个具备"智能"的电脑程序有多难，而且很大程度上是因为，我们并没有真正理解智能。我把一些AI技术融入自己早期开发的游戏里，但这些程序本质上只是鹦鹉学舌，并不能变得真正智能。于是我开始问自己：我怎确定自己这个人是具备智能（清醒自主）的呢？我找不到一个满意的答案。

很多年后，通过对个人成长的探索，我最终为这个"智能"赋予了一个新的定义。这个定义既符合逻辑，也符合直觉。你会在本书第7章中读到这个定义。

第二条线，在钻研个人成长很多年之后，我发现这个领域非常宽泛，同时又非常碎片化。你生活中的任何事情都可以纳入个人成长的范畴，包括健康、职业、财富、关系、信仰，等等。其中每一个领域都有很多相应的专家，而他们又持有不同的想法，遵循不同的规则，给出不同的建议……亲密关系专家告诉你怎样维护良好的关系，理财专家告诉你怎样打理自己的钱，健康专家告诉你怎样改善身体素质。

遗憾的是，这些专家往往并不同意彼此的观点。一些人推崇高蛋白饮食，一些人又推荐高碳水饮食；一些人说你可以通过自律和努力获得成功，一些人又让你顺其自然、听从上帝；一些人鼓励你改变，另一些人又说你应该接纳自己的现状。如果你想把这些不同的观点融进自己的生活，最终只会得到一堆碎片化、相互矛盾的东西，让生活变得一团糟。

后来我意识到，在一定程度上，一套良好的个人成长方法论应该能解决这些问题。 这样的一套方法论，应该既符合逻辑，也符合直觉；在理性层面说得通，在感性层面也说得通。它在逻辑上能够成立，以此通过我们左脑的检验；它也要在直觉层面成立，从而通过我们右脑的验证。

核心原则的标准

在物理领域,定律都是通用的。虽然实际应用有无数种形式,但最基础的定律并不会随我们所处地域、文化、心情的变化而改变;核心原则是始终不变的,不管我们造火箭还是造潜艇,都一样。

在个人成长领域,是否也适用同样的道理,是否也存在着关于清醒自主成长的某些通用原则?

我决定直面这个问题,并且做一些前人没做过的工作。我开始寻找所有成长经历背后的规律,总结出一套通用的核心原则。为了评估这些原则,我定下了5条标准,而最终答案必须满足所有标准,具体包括通用性、完整性、不可再分性、一致性、实用性。

第一,这些原则必须具有通用性。

通用性意味着,这些原则必须符合以下标准:任何人,在任何地方、任何情况下都能够使用;对生活中的所有领域都适用,包括健康、关系、职业、身心灵,等等;能够经得起时间的考验,1000年以后依然有用,而且1000年以前就已经是有用的;适用于地球上的所有人,也包括太空舱里的宇航员;对个体适用,对团体也适用,对任何规模的组织都适用。

第二,这些原则必须具有完整性。

完整性意味着,关键要素已经全部纳入进来,没有什么遗漏。所有个人成长的有效原则,都能够追本溯源到这些最基础的原则上。在理想情况下，这些原则最好能组成一个简洁而优美的结构。

第三，这些原则必须具有不可再分性。

不可再分性意味着，这些原则就好像数学里 0 ~ 9 这 10 个基本数字，这些原则是个人成长领域最基础的组成单元。这也意味着，基础原则跟基础原则之间要能够组合，形成衍生原则；组合而成的衍生原则也要能站得住脚，且依旧符合通用性。

第四，这些原则必须具备一致性。

一致性意味着，这些原则在逻辑层面和直觉层面是一致的，原则和原则之间不能相互冲突。

第五，这些原则必须具备实用性。

实用性意味着，这些原则必须能促成现实生活中的有效结果。你能够运用这些原则，去审视个人成长道路上遇到的挑战，以及对应的不同解决方案。掌握这些原则能够推动个人成长，而不是让思路变得混乱。

举个例子，比如"像爱自己一样爱你的邻居"。这个理念确实能在个人成长方面帮到很多人，但它违背了我们绝大多数的标准，所以我们不能把它纳入框架。

首先，它不是通用的。在人际关系甚至生意方面，这个理念适用，但是当我们想改善身体健康时，这个理念就没什么用了。其次，它不是不可再分的。这个理念实际上源于一个更基础的理念——一体，而一体又源于两个基础原则——真实和爱（见本书第4章）。最后，单独拿出来看，这个理念是不完整的，只具备部分指导意义。"像爱自己一样爱你的邻居"，这听起来像一个改善人际关系的建议，但没法帮你解决财务问题。

还有很多类似的理念，它们都具备积极的应用价值，但并不能纳入我们的框架，因为它们无法满足我们提出的全部标准。

找出人类所有清醒自主成长背后的规律，这是一件非常难的事，因为最终答案必须相当通用、相当抽象，同时还必须有足够的实用性。我们要解决的是清醒自主意识的问题，最终答案可能没法像数学公式那样清晰分明，但我们也要尽量接近那种理想的状态。

我研究了各种各样的哲学、心理学和身心灵理论，这些理论都曾试图解决我思考的这个问题。其中一些理论也找到了一条或者几条核心原则，但都没能给出令人满意的完整框架。

我无数次进行头脑风暴，不断地追问：个人成长背后隐藏的规律到底是什么？线索似乎到处都是，但完整的答案却始终找不到。这个任务似乎不可能完成，而且我也不确定是不是真有这样一个答案。我几乎停滞不前，难以忍受这样一个似乎无休止的过程。你找到一个一开始看起来很好的答案，但最终总是发现它充满漏洞，这种感觉让人太难受了。

七条原则

我花了大概两年半时间，最终找到了自己想要的答案：三条基础原则——真实、爱、能量，以及四条由基础原则组合而成的衍生原则——一体、主导、勇气、清醒自主。

> 一体 = 真实 + 爱
> 主导 = 真实 + 能量
> 勇气 = 爱 + 能量
> 清醒自主 = 真实 + 爱 + 能量

由此我们最终得出：**真正清醒自主的个人成长，就是让人能够更好地遵循真实、爱与能量这些基础原则的成长。**

如果你暂时理解不了这些原则，没关系。在本书中，每一条原则都会用一章的篇幅来探讨，最后还有一些章专门讲如何应用。在你读完这七条原则，了解这些原则怎样在生活中的各个领域发挥作用后，你将能够用一个全新的视角来看待个人成长。

乍一看，其中一些原则就像是普通的常识。比如，真实原则已经在科学领域被普遍认可，爱原则在各个宗教里都很常见，能量原则在商业和政治领域经常出现。但遗憾的是，我们的社会往往会把这些原则孤立起来。

在学校里，我们被教育要保持真实，但与此同时我们自身的能量却被外部权威削弱；在亲密关系和身心灵领域，我们被教导要遵循爱原则，但真实和能量原则又常常被忽视；在职业发展、积累财富方面，我们被教导要趋向能量原则，但真实和爱原则又经常被遗漏。这些其实都是非常错误的。

基础原则是通用的，如果我们把各个原则在不同领域孤立起来，最终就会失去更重要的东西——我们生而为人的清醒自主的特质。

这本书的目的，就是教你如何在生活中的所有领域，都能够良好运用个人成长的通用原则。具体来说，就是把真实原则带入人际关系，把爱原则带入职业发展，把能量原则带入身心灵的提升，等等。这就是我们所说的：**成为一个具备清醒自主意识的人**。

这本书给你提供一个看待个人成长的新视角，既有高阶理念，也有具体的实践方法。你不再需要使用不同的原则，去分别应对健康、职业、关系等生活中的不同领域。在不同领域，对不同的人，基础原则都同样适用。在你明白了这些原则的运作方式后，你就可以用它们去改善生活中的不同领域。

怎样阅读本书

本书分为两部分。

第一部分，我们从三条基础原则开始（真实、爱、能量），逐步探讨个人成长的七条原则。通过学习这些原则，你将为自己的个人成长打下坚实基础。阅读这部分的主要目标，就是充分理解七条原则。为了加深你的理解，书中会有一些具体的应用方法，但读第一遍时不需要去做。放上这些具体方法，主要是为了展示对应的原则在实践中的应用。**其中，一些原则建立在前一条原则的基础之上，所以最好按顺序阅读。**

第二部分，就是具体应用。这部分占了全书大约一半的篇幅，讲解如何正确运用个人成长的七条原则，在现实生活中产生积极的结果。这部分的每一章，对应解决生活中的一个具体领域，包括职业、健康、关系，等等。**这部分你可以按自己喜欢的顺序来读，直接跳到自己最感兴趣的领域。但是，在读第二部分之前，最好先把第一部分读完。**

这是一本信息量挺大的书，里面有不少新理念。慢慢读，不要急着一下子读完。这本书一定能在个人成长的道路上给你帮助，但具体怎么用，最终决定权在你手上。

对于本书，我可以向你保证三点：

第一，基于真实原则，我会对你保持完全坦诚。我没有任何兴趣向你灌输虚伪的理念，把你引入歧途。

第二，基于爱原则，我会尽最大努力与你建立联结，人与人之间真正的平等联结。我是你的朋友和向导，但不是什么精神导师。

第三，基于能量原则，我将帮助你接纳自己的能量，直面恐惧。这意味着，有些时候我会提供鼓励和支持，而有些时候我也会向你发起挑战。

把这本书里的知识应用到生活中，并不是一件容易的事，对我来说也一样。真正清醒自主的个人成长，从来都不是容易的；然而，值得去追求。

现在，让我们开始个人成长的旅程吧！

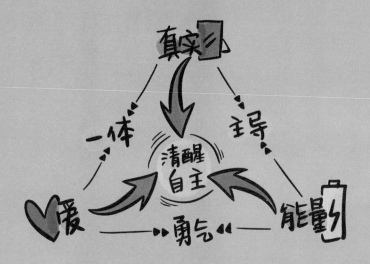

第一部分

基础原则

Personal Development for Smart People

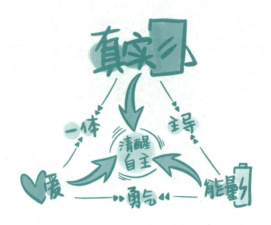

第 1 章

Personal Development for Smart People

真 实

生活中本没有什么既定规则必须遵循,我们要真正意识到这一点,不盲目遵从他人。我们闭上眼睛不愿接受的,我们试图逃避的,我们一味否认、排斥、鄙视的,往往就是将我们打败的。那些看起来艰难、痛苦和邪恶的东西,最终会变成美丽、愉悦与力量的源泉,只要我们用开放的心态去面对。如果能够明白这一点,生命中的每一刻都将变得弥足珍贵。

——亨利·米勒

个人成长的第一条基础原则：真实。

作为一个拥有自由意志的人，我们获得成长的一个最主要途径就是：持续发现更多关于我们自己、关于外部世界的现实真相。无论你过着什么样的生活，都必然会从这种生活中获得某些经验。但是，如果你能够清醒自主地探求真相、远离虚伪和排斥，那就能极大地提升个人成长的水平。

真正的个人成长，首先必须是真诚的成长。你不能假装成长。你需要做出的第一个承诺就是：无论有多困难，无论有多不情愿，你都要选择去发掘并接纳生活的真相，而不是谎言。

如果你根本不承认问题的存在，就永远无法真正解决问题。 如果你不承认现在的工作不适合自己，那又怎么找到真正满意的工作？如果你不承认自己感到空虚和孤独，那又怎么改善感情关系？如果你不承认现在的生活习惯是不健康的，那又怎么变得更健康？

现实就是检验真实原则的终极标准。 如果你的思维、信仰、行动没有遵从真实原则，那么结果就会出问题。选择遵循真实原则，这并不能保证让你获得成功；但如果固守错误的信念，那你迟早会遭遇失败。

当你遵循真实原则时，生活中的问题并不会一夜之间自己解决；但你至少已经在正确的方向上跨出了重要的一步。

当你否认问题的存在时，你就违背了真实原则。 谎言会带来更多谎言，谎言把错误的信念植入你的内心，最终变成了你自我认知的一部分。于是，你变得脱离真实自我，生活得就像一个影子,而不是本该成为的那个很棒的人。你来到这个世界,不是为了变成这个样子;你来到这个世界,是要创造自己选择的生活。我没法告诉你那是一种怎样的生活,但是,我会尽自己所能帮你找到那个答案。

在这一章接下来的内容里,我将带你走上探索真实原则的道路,帮你学会发掘自己生活中的真相,并学会接纳这些真相。这些理念可能会比较抽象,你的目标就是尽量熟悉它们。在这本书的第二部分,你将学会把这些抽象理念运用到生活中的方方面面。到时候你就会看到,这些理念将给你的生活带来怎样的改变。

接下来,让我们看看真实原则的五个组成部分:觉察、预测、准确度、接纳、自我认知。

觉　　察

真实原则中最基础的一部分,就是觉察。

如果你想改变生活中的某个方面,首先就需要关注这个方面,知道此刻的现实真相。比如,你想搞清楚自己的感情关系到底怎么样,那第一步就是问问自己:我对这份关系的感觉如何?哪一部分感觉很好?哪一部分需要改善?也用同样的问题问问伴侣,然后对比一下你们俩的答案。弄清楚当下的现实真相,然后你才能知道该做出什么改变。

觉察是个人成长中极其关键的一环,因为我们所有的行动，都是对自己觉察到的现实做出的反应。直面现实真相，改变的欲望才能被激发。只有当你站上体重秤发现自己已经超重的时候，你才会想：我要减肥了。

当你搞清楚自己不想要什么的时候，你往往会更加清楚自己真正想要什么。改变的欲望会推动你走上积极的新方向，但说到底，首先你要承认自己想要做出改变，否则就不可能有任何改变。

你在个人成长道路上的第一步，就是能够意识到：当前的生活状态，并不是自己真正想要的样子。存在这样的问题是可以理解的。**你想要达成某个目标，暂时还不知道该怎么做，这完全可以；但不可以的是，你跟自己说谎，假装现在的一切都很完美，而你心里知道其实并非如此**。最好的生命状态，就是能够欣然享受漫漫人生中成长的过程，包括其中短暂存在的那些问题。

要直面生活的真相，嘴上说说很容易，但真正做到并不容易。你很难承认，自己对当前的感情关系并不满意；你很难承认，自己选择了错误的职业道路；你很难承认，面前镜子里这个人已经变成了自己不喜欢的样子。但无论多么不容易，承认问题依然是必须要有的第一步。如果你固执地不承认自己正站在 A 点，那就永远没法从 A 点走到想要的 B 点。你否认 A，抗拒 A，拒绝接受 A，这些只会让你一直停留在 A。

你现在能够觉察到，自己想改变生活中的哪一个部分吗？你想改变一些成瘾的、不健康的习惯？你想换一份更满意的工作？你是不是更愿意生活在另一个城市？睁开自己的双眼，看看如今生活中的一切，看看哪些东西是你喜欢的，哪些东西是你不喜欢的。

先别担心该设定什么样的具体目标；先看清楚，自己觉察到了什么，以及自己对于这份觉察的真实反应又是什么。

预　　测

预测指的是，你从自身经历中获得经验，进而能够判断真实的未来会是什么样子。

每当你在生活中遇到新问题时，会有两种情况发生：现实结果符合你原本的预期，或者现实结果跟你的预期不符。如果现实结果符合预期，那说明你拥有的心智地图是准确的。但如果现实结果跟你的预期不符，那说明你需要更新自己的心智地图，以匹配最新的现实情况。正是通过这样的机制，你得以从过往经历中学到经验，然后不断发掘新的现实真相。

你的预测能力是极其灵活的。每当你有了一些新的经历，大脑就会对这些经历进行归纳总结。而且，大脑喜欢存储通用的规律，而不是具体细节。这就是为什么，你回忆细节时记忆往往很模糊，却能比较清楚地记住抽象规律。比如，你能看懂一段文字，但不可能记得其中每个字是什么时候、在哪里学会的；你知道各种食物的味道，但不可能记得以往吃过的每一顿饭是什么味道。

大脑会自动对未来进行预测，即便你可能完全没有意识到这一点。 当你看到书柜上露出某个物体的一角时，大脑就会预测那是一本书，还会预测那本书大概多重，是什么材质，外观如何……如果预测跟现实相符，那就说明你的心智地图是准确的。

根据你以往的阅读经验，你应该已经对本书后面的内容有了一个基本预期。最终如果所有内容都在你的预料之中，那意味着你没学到什么新东西，读这本书是浪费时间。为了能让你有所成长，这本书就肯定要打破你的某些预期，让你在某些时刻感到惊奇。

你的大脑持续从过往经历中总结出规律，储存这些规律，然后根据这些规律对未来进行预测。这个过程是自发的，通常你根本意识不到。然而，一旦你知道了大脑的这种运作机制，就能把自己提升到一个更加清醒自主的层面。

你可以通过两种强有力的方法，运用心智地图的预测能力，推动个人成长。

第一种方法：拥抱全新体验，以前从来没有过的全新体验。

通过这种方法，你实际上能够变得更"聪明"：新体验让你的大脑切换到学习模式，获得新的经验；大脑得到更多新经验，总结出更多规律，你就能在未来对现实世界做出更准确的预测，于是你也就变得更聪明了。

读一本完全陌生领域的书，跟以往不打交道的人交流，去一个陌生的城市，总之，延展你原有的心智地图。如果想获得成长，你就要持续迎接新挑战、思考新点子，为你的大脑带来新的信息输入。如果你只是不断重复以前做过的事，就会变得停滞不前，心智能力也就随之衰减。

你在一个领域学到的经验，经常可以应用到其他领域。比如，达·芬奇在很多方面都被公认为天才，他掌握了很多不同领域的技能，包括美术、音乐、科学、解剖、工程、建筑，等等。一些人会说，涉猎如此广泛，是因为达·芬奇"智力过人"；而我认为也许正好相反，正是因为他涉猎如此广泛，最终才变得智力过人——涉猎广泛至少也是重要的影响因素之一。

通过让自己接收如此多样化的信息输入，达·芬奇的大脑总结出了不同领域背后的规律，从而极大提高了他解决问题的能力，而这些东西是常人察觉不到的。在一个领域很平常的知识，往往可以在另一个领域形成非常有创造性的应用。

过度常规化的人生，是智慧的一大阻碍。一遍又一遍接收相同的输入，这无法让你成长。你只是在获得某种自我满足，而并没有推动大脑去构建新的认知。如果你想变得更有智慧，就需要去持续拥抱新挑战；常规只是一个稳定的基础，在这个基础之上，我们向未知领域发起探索。让大脑不断接收新体验、新思想，你见过越多挑战现有认知的东西，就越能快速学习，也就越能变得更有智慧。

第二种方法：运用预测能力，做出清醒自主的预测，并用这些预测来做出更好的决策。

想想自己正在前进的方向，问问自己："坦诚地讲，我认为自己的生活可能会变成什么样子？"想象一下，假如有一个客观公正的第三方观察者，他能够仔细审视你目前的生活状况，并根据现在的行为习惯去预测你20年后的生活。那么，他预测你未来的生活会是什么样子？

如果你足够有勇气，不妨问几个非常了解你的人，让他们给你一个坦诚的评估——在他们看来，20年后的你应该会是什么样子？他们的回答可能会让你感到吃惊。

只有当你能觉察到自己预测出的长期结果时，才能停止一味地否认，开始直面生活的真相。只有这样，你才有机会让积极的预测变成现实，让消极的预测得以改变。

积极的情绪源于积极的预测，而消极的情绪源于消极的预测。如果你感觉良好，说明心智地图已经预测出了一个你想要的未来；而如果你感觉糟糕，说明心智地图已经预测到了一个糟糕的未来。**消极的情绪是一个警示灯，它提醒你要改变当前的行为，这样才能避免未来面对不想要的结果。**

倾听自己内心最真实的预测。不要反驳或者试图否认，因为那只会让你陷入自我怀疑。学会接纳这些预测，进而合理应对它们。如果你觉察到内心预期会得到一个消极的结果，那么回过头来看看这个判断的依据到底是什么，然后持续改变，直到预期结果发生改变。如果你发现内心预期的未来是积极的，那也看看是什么在给你提供支持，然后做更多这样有支持性的事情。

准确度

你的心智地图跟现实世界匹配的准确度越高,你的能力就相应越强。更高的准确度意味着,生而为人,你能够更好地适应现实世界的生活。带着一幅准确的心智地图,你能够做出高质量的决策,推动自己向期望的方向前进;而如果心智地图是不准确的,你就更容易在生活中遭遇困难和打击。

对现实世界拥有完全清晰的认知,这几乎是不可能的。当你选择了一个职业,你就没法再知道其他职业究竟是什么样子;当你选择了一个伴侣,你就没法再知道其他人是不是更合适。无论何时,当你做出了一个选择,你就很难再知道如果做出不同选择的话会是什么样子。

最让人难受的是,就算你自己感觉非常确定,那也没法完全保证这个感觉就是对的。你以前肯定也犯过错,对吧?经验告诉我们,现在认为正确的一些东西,很可能以后就被证明是错的。

对于当前的真实情况,你可以争取获得尽可能多的清晰感,这种想法没什么错。但是,你永远没法抹除所有的不确定性。所以你其实有两个选择:否认生活中存在一定的不可预测性,给自己建立起虚假的安全感;或者,你可以接受生活中的变化,并与这种多变性和谐相处。

第一种选择,实际上你是在按自己的想法描绘心智地图,无视现实真相到底是什么样;而第二种选择,你是在努力提高心智地图的准确度——虽然你也许并不喜欢现实真相,但那就是现实。

当然,第二种选择是更好的。

当你学会接纳人生的不确定性时,你做出决策的准确度也会随之提升。你会发现,避免一些显著的错误是很容易的,比如把自己的钱都赌掉,或者进入一段虐待式的亲密关系。你将能够更好地抓住真正的机会。其中的关键就在于:**清醒自主地管理风险,而不是否认风险的存在**。学会在不确定性中获得成功,甚至享受不确定性。

除了不确定性,还有一个问题是:你的预测可能是错的。随着经验和认知的提升,你的心智地图中一部分不准确的地方会自动修正;但还有很多时候,有问题的地方本身会自我强化,结果变得越来越严重。这里有一些例子,可以看到心智地图是怎样误导你的。

- **过度归纳:**你有过一些不好的约会经历,于是内心就总结出了一个规律——约会是让人失望的。结果你不再去尝试约会了,因为你内心里把约会看作应该避免的事情。遗憾的是,这就意味着你不可能再获得好的约会体验了,反过来又印证了你的想法。**旧的错误信念会一直霸占你的心智,直到你发起挑战的那一天。**
- **预先偏见:**你偶然听到同事说,一个新来的同事特别难相处,这让你内心里对那个新同事产生了消极的判断。然后,当你第一次跟这个人共事时,你自然而然感觉会出问题,于是就没那么配合工作。这个同事发现了你的消极态度,于是也用相对消极的态度来回应。结果,这就符合了你最开始的预期:这个人果然有问题。在缺乏直接经验的情况下做出草率的评判,这通常会导致错误的结果。

- **自证预言:** 你的几个朋友之前尝试过互联网创业,结果都失败了。根据他们的经历,你得到了一条经验:互联网创业很难,失败的概率很高。一年之后,你决定在网上开启自己的生意。你的潜意识开始作怪,你开始犯一些本来能避免的错误。结果最后你也放弃了,变得跟你的朋友们一样。

这些错误的心智地图都有一个共同点:做出的预测过度悲观。这种思维习惯会放大恐惧,降低自尊,带来担忧、焦虑等各种消极的情绪。在最坏的情况下,过度悲观的预测会造成抑郁、无助甚至自杀。然而,过度乐观也是有问题的,会导致自负、不合理的冒险等丧失理智的行为。

准确度最高的预测,才是最好的预测。考虑到自我强化效应,预测最好能够提升自尊、积极情绪以及适度的创造性,而避免降低自尊、消极情绪或者不合理的退缩。实际上,预测并不是被动地观察——预测会成为最终结果的原因所在。

接　　纳

　　当你能够觉察自己所处的真实现状，并能够基于此做出准确度足够高的预测时，接下来要做的，就是全然接纳这个真实现状，以及接纳根据现状所预测出的未来结果。

　　看看你自己的身体，它健康吗？强壮吗？或者，它很不健康，肌肉松弛，而且很虚弱？如果继续保持现在的生活习惯，你预测未来会发生什么？你接受那个结局吗？你愿意这样生活吗？

　　再看看你的财务状况，你能创造足够的财富，让自己不陷入贫穷吗？或者，你正在朝着贫穷发展？如果继续保持现在的理财习惯，发自内心地问一问自己：我预测未来会发生什么？我接受这个真实的情况吗？

　　在预测未来的时候，当然会存在很多不确定性。但是，根据当下获取的信息，你依然可以得出一个足够合理的、符合逻辑的判断。如果你作为旁观者看着另外一个人，这个人现在的生活方式跟你一模一样；然后，你要打个赌，去预测这个人未来的生活是什么样的。你会怎么下这个赌注？如果你是福尔摩斯，要根据当前的信息做出判断，你真实的预期会是什么样的？

　　个人成长道路上最重要的能力之一，就是全然承认自己真实现状的能力。即使你不喜欢，即使你感到无力做出改变，你都至少要先承认真实的情况。当你面对不好的现状时，内心通常会产生抗拒；这种抗拒会迫使你逃避真实情况，陷入持续的分心、逃离、否认和拖延。但只有直面真相，你才能够唤起自身能量，去清醒自主地解决问题。经验告诉我们：**你害怕的东西，正是你迟早必须面对的东西**。

当面对一些不喜欢的现实情况时，你往往会感到无力做出改变；这个时候，第一步要做的就是接纳。没关系，尽管告诉自己：目前的状况是有问题的，但我暂时还缺少做出改变的力量。

开放心态，对自己保持坦诚。虽然你对自己的生活负有全部责任，但当下你可能还没有能力改变存在的问题。承认这一点就好了，这就是目前的真实情况，不要一味否认。永远不要假装喜欢一个你其实很厌恶的工作；永远不要假装享受一段你其实并不满意的关系；永远不要假装自己的财务状况很好，实际上却非常糟糕。如果你想让情况变得更好，首先就要看清楚自己的问题，全然接纳现状。

只有当你全然接纳现状时，才能开始在生活中做出更好的决策，因为高质量的决策需要基于事实而不是空想。只有当你承认自己的身材确实走样，才能不再假装自己很健康，才能不再接受自己糟糕的饮食和运动习惯，才能开始明白：如果想让情况好转，就必须做出不同的选择。生活并不会自己改变。

你全然接纳现状之时，就是开始创造理想生活之时。

自我认知

随着越来越清楚地看到生活的真实现状,你会获得更高水平的自我认知,包括充分理解自己的强项、弱点、天赋、知识、偏好、行为依赖、欲望、情绪、本能、习惯,以及内心的状态。

生而为人,我们内心经常充斥着很多矛盾的想法。一部分自我想要变得健康快乐,高度自知;而另一部分自我却只想吃、睡、玩,当个懒鬼。如果缺乏清醒自主的意识,我们就会陷入自己的本能反应无法自拔,像动物一样生活,而不是拥有高度觉知的人。

你要明白,人的自我认知并不是每天都稳定在相同的水平。有些时候,理性思维占据优势;而有些时候,情绪会冲昏你的头脑。有些时候,你感觉自己超脱了世俗;而有些时候,你又开始担心下个月的收入问题。有些时候,你会吃更健康、让自己充满能量的食物;而有些时候,你又会吃一大堆垃圾食品,满足自己的口腹之欲。

当你在某种心境状态下做出选择并且采取相应行动时,这些行动就会反过来强化这种心境状态。结果就是,在未来遇到相同问题时,你更可能再次用相同的方式去应对。

比如,你用愤怒去应对问题,这种行为会反过来强化你的愤怒习惯;你用宽容去应对问题,这种行为也会反过来强化你的宽容习惯。既有的自我认知总是倾向于使自身维持不变,所以你可能会发现:自己总是在重复同一种行为模式。

个人成长的一个重要部分，就是随着你达到更高水平的自我认知，最终得以改变低认知状态下的习惯依赖。具体来说，就是远离各种成瘾习惯、消极情绪和基于恐惧的行为，取而代之的是自主选择的、基于原则的行动。**如果想要改变行为习惯，你首先必须建立对内心想法的充分认知。**

一个建立自我认知的好方法，就是让你所有的重要决策，都建立在自己最高质量的思维基础之上。在你感觉自己头脑清醒而机敏的时候，就是做出选择的最好时机。把人生中的重要决策都放在这样的时候，比如职业转换、处理感情关系，或者搬到一个新城市，等等。

学会信任自己在这种更高认知状态下的判断。把自己的想法写下来，做出郑重承诺；之后，在你进入低迷状态，不再有那么高认知的时候，依然坚持遵守已经做出的承诺，即便你这个时候不再觉得那么情愿。随着时间的推移，你周围的环境会慢慢改变，反过来推动你保持更高认知的状态。通过持续实践，在生活中保持清醒自主将变得越来越容易。

我曾经在自我认知处于很高水平的时候，做出了放弃游戏生意、转向个人成长领域的决定。那对我来说是一个很大的挑战，因为我的游戏生意其实运营得不错，而且手上正做着好几个项目。但我对做出的决定感觉良好，我知道这是正确的。然而几个星期过去了，我依然在做着与游戏相关的事情，始终停滞不前。当我进入较低的自我认知状态时，我就怀疑起了当初关于职业转换的决定。于是，我必须再次提醒自己：在处于更高认知状态的情况下，我已经做出了选择，这是一个明智的选择。这帮我打消了心中产生的抗拒，坚持原本做出的选择。

我做出的决定可能不是完美无缺的，但只要我遵循这样一个程序，至少能确保自己是在正确的状态下，基于真实现状做出选择。

当你持续在高认知状态下做出重要选择时，这些选择最终会变得更加和谐一致，你也更有能力避免陷入模糊不清的状态，在各种选择中犹豫不决，来来回回无法下定决心。请注意：如果你在愤怒、恐惧、悲伤、愧疚的状态下做出决定，就很难遵循真实原则，因为你的判断会受到这些状态的消极引导。

自我认知实际上就是对现实真相的认知。当你处于较高的认知状态时，会更加接近真实原则。如果没有遵循真实原则，你的选择就会带来错误的结果；如果遵循了真实原则，你的决策会更准确，最终带来更好的结果。关键点在于：运用你的自我认知，判断出自己是在遵循真实原则，还是在违背真实原则；然后，只有在遵循真实原则的状态下，才做出重要的决定。

真实原则的阻碍因素

一些因素会让你无法完全遵循真实原则，而这会提高心智地图的出错概率。这些因素中有很多会自我强化，改变它们并不容易。但是，当你充分了解这些阻碍因素时，就能更好地避免被它们影响。

媒体引导

媒体最主要的收入来源是广告，而为了让投放广告的商家获利，就需要引导你消费（如车、药品、食物等）。心智地图准确的人，只会购买自己真正想要或者需要的东西。于是，广告商往往就只展现部分事实，或者干脆传播完全虚假的信息，以此来促进利润增长。举个例子，如果一家酒厂能让你觉得喝酒会变得更受欢迎、更性感，它就能赚取更多利润；相反，如果它传递更真实的信息，告诉你酒精有哪些危害，那它的利益当然会受损。

如果你想完全相信一家媒体所传递的信息，那就必须确定这家媒体不会违背真实原则。但问题是，当利润和真实原则相冲突时，商业性质的媒体并不总能坚持原则。

大量媒体信息的持续影响，会引导你产生对现实世界错误的认知——广告商更喜欢的认知。你越多地沉浸于各种媒体（比如电视）信息中，你的心智地图就会变得越偏离现实。而且，你把越多时间花在各种媒体信息上，就只能剩下越少的时间去进行直接的体验与学习。长期来看，这不是清醒自主的个人成长，而是一种懒惰，一种无趣，一种自我堕落。

如果想减少社交媒体的影响，一个办法是，你可以学着通过直接的体验，而不是通过媒体信息获得快乐。每当面对媒体信息的时候，保持头脑清醒，明白这些媒体其实能扭曲你的认知，引导你相信一些并不真实的东西，然后以此来获取利益。

我有一个乐观的想法：社会最终会发展到一个阶段，那时不再需要媒体的各种操控手段，因为越来越多的人会明白，发挥影响和保持真实并不一定要相互冲突。你会在本书第 5 章中看到，能量原则和真实原则相结合，实际上能够得到更好的结果。这两条原则会组成一个新的衍生原则——主导。

社会引导

社会引导跟媒体的影响很相似。你身处的社会关系——家人、朋友、同事、各种弱社交，这些都会在很大程度上影响你对现实的认知。在跟他人相处的过程中，你持续地被社会环境、文化、教育、宗教等因素影响着。然而遗憾的是，这些领域可能会把其他的一些价值观置于真实原则之上。于是，你会感到自己被迫也要这么做。长远来看，这种偏离真实的状态会导致自我怀疑，最终使你放弃自身的能量，变得脆弱而又迷茫。重新回到真实原则，只有这样你才能找回自己的能量。

在某些方面，社会引导对我们是有用的。比如，正是因为有全社会统一的语言，人们才能彼此交流、建立联系。但是社会引导也会给我们植入错误的信念，这些信念会削弱我们，比如我们对公开演讲毫无根据的恐惧。

有一点很重要：对自己脑子里的信念保持觉知，学会清醒自主地对这些信念进行审视，因为它们都是被社会引导过的。当你觉察到信念、行为和感觉之间存在某些冲突时，问问自己：我是不是真的相信曾经被教导的那些东西？我的信念是真实而准确的吗？这些信念跟我感知到的现实一致吗？

为了遵循真实原则，你最终必须放弃那些错误的、不准确的、经不起时间考验的信念。

我出生在一个天主教家庭，曾经在天主教学校里待了12年，我的所有家人、大部分朋友都是天主教徒。所以小时候，我从来没有接触过任何其他信念体系的信息。然而，到了青春期时，我开始怀疑自己被灌输的那些知识，因为这些知识经常跟我观察到的现实相违背。

最终我承认，天主教体系的信念已经没法让我信服，我感到终于能自由探索自己真正认可的信念体系了。有些时候，我还是会不由自主地排斥自己做出的这个决定；但是我明白，相比一味遵从社会教条，相信自己显然更为重要。

在这里我并不是要贬低任何一种信念体系，而是想告诉你：要对自己的判断报以充分的信任，即使别人不理解你，那也没什么。自我信任让你获得自由，自我怀疑则让你变成他人信念的奴隶。

错误信念

有时候你会持有错误的信念，这些信念有的只是部分错误，有的则是彻头彻尾的错误。有一些错误信念是你自己偶然获得的，也有一些错误信念是被他人有意灌输的。这些错误信念带来的影响就是：你做决策时会被误导，于是最终得到错误的结果。

我刚毕业创建自己的游戏公司时，脑子里装满了各种关于生意的错误信念，结果造成了很多愚蠢的问题，浪费了大量时间和金钱。比如，我错误地认为对方只要签订合同就一定会遵守，却忽略了任何交易本身都有风险；我签下了几个重要的项目，之后它们变成了公司收入的支柱，后来却迅速失败了。我花了好几年时间，才摆脱自己原本持有的那些错误信念。随着我把这些信念一个一个地清除，我做决策的质量也在不断提升，原本快倒闭的生意也慢慢开始赚钱了。

真正清醒自主的个人成长，在很大程度上需要我们能定位自己持有的错误信念，并将其彻底清除。请对新信息保持最大程度的开放；如果你怀疑自己的原有信念存在问题，那就尽管对这些信念发起挑战。在本章的后续部分，我会提供一些简单的方法帮你做到这一点。

情绪干扰

强烈的情绪会削弱你准确觉察现实的能力。恐惧、愤怒、悲伤、羞愧、沮丧、压抑、孤独……这些情绪都会导致你无法清醒思考，从而把错误信息当作真相。而另一面，积极情绪也可能导致你过分乐观，于是做出不合理的冒险行为，或者给出不可能完成的、过于激进的承诺。

通过提升自我认知，当自己的判断正在被情绪影响的时候，你就能够意识到了。情绪可能会让你无法准确觉察现实，而高度的自我认知则让你避免在错误判断下做出行动。

生活中重要的决定，应该在你头脑清醒、足够理智的时候去做，而不能放在过于乐观或者过于悲观的时候做。但同时需要注意，很多时候情绪本身也具有重要的指示性，能够帮助你做出正确的决定。你可以把情绪看作潜意识对未来预测的一种外在信号。所以，一个明智的选择是：去做出那些能给你带来积极感受的决定。

成瘾行为

吸烟、喝酒、不停地刷手机……这些成瘾行为让人很难接纳现实真相，因为这些行为天然就助长盲目和否认。比如，你每天都吸烟，这种行为本身就让你难以真正接受一个事实：吸烟有害健康。如果你害怕戒烟，觉得那样会很难受，那么你就会更倾向于忽视关于烟草的真相，因为这些真相会驱使你面对恐惧，驱使你戒烟。

成瘾行为给错误信念提供了肥沃的土壤。很多人会对自己的成瘾行为感到羞愧，所以尽可能地把这些行为隐藏起来。于是，维持一个虚假形象变得比保持真实更加重要；秘密、欺骗、谎言……这些东西最终代替了坦诚的沟通。

克服所有成瘾行为的第一步，就是承认现实真相：我确实有成瘾问题。克服习惯可能会很痛苦，但如果你能够坦然承认自己的问题的存在，这就有助于避免进一步逃避和否认。你不妨告诉自己：我现在有成瘾行为，我想要改变，但暂时还无力改变。这完全可以。

对自己保持完全坦诚，远好于生活在一味的否认中。你往往会发现，当跨出第一步之后，能帮你完成改变的内部和外部资源会进入你的生活，他人对你的反应会是热情和支持的，而不是鄙视或者评判。

心智不成熟

想做到全然接纳现实真相，实际上需要一定程度的心智成熟，而心智成熟往往来自经历。 你积累越多不同的经历，心智就越能更快成熟；你越是从逃避、幻想中寻求舒适区，就越会因心智不成熟与错误信念长时间经受折磨。

小孩子对外部世界的认知是最不准确的，因为他们缺少经验积累，所以他们不太能对外部世界做出准确的判断。随便用一点小把戏就可以骗过一个天真的小孩子，虽然这些把戏可能在成年人看来很容易被识破。很好理解，因为成年人已经积累了足够的人生经验，所以能够做出更准确的判断，但小孩子并没有这个能力。

你不能一边遵从真实原则，一边又逃避它。如果你希望成为一个真正清醒自主的人，就必须摒弃心智不成熟的逃避习惯，拥抱更深度的成长——只有成熟的心智才能得到。

次要收益

次要收益是一个很常见的问题：每当你拥抱虚假信念，并从中获得了短暂的"好处",这个好处就是次要收益。比如,你在公司里撒了一个谎,但用这种方式避免了被炒鱿鱼;你否认亲密关系中存在问题,但用这种方式维持了暂时的和平;你吃了一顿垃圾食品,但好处是它比较方便……

长期来看,偏离真实原则从来不是一个明智的选择。偏离源于你无法接纳根据真实现状做出的真实预测,源于拒绝开放坦诚地解决存在的问题。如果仔细回顾过往,你会发现,次要收益背后总是有某个更深层次的、你强烈否认的错误信念。你拒绝解决问题,最终会形成一个持续的恶性循环。当前的表面好处取代了长远的收益,于是你被拖入一个充满压抑和逃避的状态。你越屈服于次要收益的诱惑,就越活得自欺欺人。

举个例子,比如你正在做一份工作,你觉得这份工作很不适合自己,你知道继续做下去是个死胡同,看不到任何希望。然而,你就是不能让自己接纳当前真实的状态;相反,你一直活在逃避里,假装情况会在某天自动变好。

你没有选择直面真相,而是寻找其他方法来填补自己内心的空虚,于是陷入次要收益的诱惑中。你放弃了自己内心真正想要的东西,转而去追求金钱、他人的认可,或者仅仅是当下的舒服;你放弃了真实的成长,而只求在一家公司里升职加薪;你放弃了长久的友谊、人与人之间真正的交流,而只得到一大堆通讯录名单,其中没有一个人真正了解你、接纳你,喜欢真实的你;你放弃了人生中真正值得尝试的挑战,而停留在虚幻的安全感里。

屈服于次要收益,带来的将是长久的不满、空虚,以及不快乐。次要收益只是短暂的解药，永远无法带来让你真正感到满足的结果。如果你发现自己已经陷入了这种难以自拔的恶性循环，请拿出一些时间，去做一些深刻的内省。哪怕你暂时还没有能力解决长远的问题，但至少先承认自己的真实现状。不要把自己的人生浪费在维护一份虚幻的成就感上。

怎样让自己活得更真实

你可能会在自己的生活中发现很多虚假信念和逃避行为，这很正常。你可能会因此认为，让自己重新回到真实原则的轨道上，这会是一个艰巨的任务。但是，不要灰心。你在真实原则上前进的每一步，都会让之后的成长变得更容易，进而不断达到更高程度的坦诚、自我认知和接纳。你并不需要一夜之间解决所有问题。

下面是一些简单而实用的练习，你可以用这些方法让自己更接近真实的生命状态。

自我评估

获得更多真实认知的最好办法之一，就是做一个快速的自我评估。给你生活中的各个方面进行评分，最低 1 分，最高 10 分。1 分代表着，在这个方面，你完全没有达到自己想要的状态；10 分代表着，在这个方面，你当下完全在过着自己渴望的生活。请花几分钟时间做一下这个评估：

生活的各个方面	你的评分（1～10分）
生活习惯	_____
职业发展	_____
财务状况	_____
身体健康	_____
心理	_____
社交 & 关系	_____
情绪	_____
性格	_____
人生目标 & 社会贡献	_____
身心灵发展	_____

你的答案会提供一个有效的快照，从中可以看出自己在相应方面做得怎么样。通常你会发现，一些方面落后于其他方面，有时候甚至是远远落后。有趣的是，通常就是在那些评分最低的方面，我们最明显地屈从于虚假和逃避信念——因为这些方面正是最难面对的。但这些问题并不会自动变好，除非你开始直面和接纳真实现状。

我希望你看一看这些不同方面的分数。把那些评分低于9的挑出来，打一个叉，然后写上一个新的"1"。所以现在，各个方面的评分要么是1分，要么就是9分或者10分。

如果你没法给生活中的某个方面打9分或者10分，那么很显然，你并没有在这个方面获得自己真正想要的东西。当你给某个方面打 7 分的时候，会尤其难以承认这一点。乍一看 7 分似乎还不错，但是真正的 9 分和 10 分，要远远超过 7 分的状态。尤其是 10 分的状态，实际上比 7 分好了太多。打个比方就是，7 分连 10 分的尾灯都看不到。

你让太多虚假和逃避信念进入自己的生活，这就是 7 分的状态。7 分是一个很有欺骗性的分数，本质上是一个被伪装了的 1 分。

要么你已经得到了自己真正想要的东西，要么你就没得到，清晰分明。6 分、7 分、8 分——**当你知道自己其实并没有达到真正想要的状态时，经常就会给这么一个分数。你只是还没有足够的勇气去直面真相。**

我知道这话不好听，但根据我自己的经验，以及我对其他很多人的观察，人们通常会给自己的生活打 7 分，而实际上只是自欺欺人罢了。7 分是一个工作，而不是一份事业；7 分是一张让人过得还算舒服的契约，而不是一段真正满意的亲密关系；7 分是一笔能覆盖生活支出的收入，而不是真正的富足。当你给生活中的某个方面打 7 分时，你其实是在说：这不是我真正想要的，但我不知道自己是不是有能力做得更好，所以就假装现在已经足够好吧，很多人可能还不如我呢！

然而真相是：你并没有在过自己真正想要的生活，这已然是最坏的一种情况。

一个坦诚的评分，更大程度上是关乎你前进的方向，而不是你当前所处的位置。 举个例子，我当然是热爱自己现在的职业的，我肯定打 10 分。我在个人成长这个领域已经获得了一定的成就，然而这并不是我打高分的原因。如果我回到刚起步的时候，虽然那时还没有获得任何外部成就，我依然会给这份职业打9分或者10分。原因是，我知道自己走在正确的方向上。

当你给生活的某个方面打7分时，意味着你其实走在错误的方向上，但你不愿意承认这一点。你不愿意承认，自己正走向一个没有前途的未来；所以换个角度，你开始基于现状进行打分：看啊，我已经在这条（错误的）路上成功地走了这么远呢！

你给自己打出一个7分，是基于自己在这条路上所处的位置，是基于已经走完的距离，但问题是，这条路本身是一条1分的路。

你所在的位置并不重要，你的评分要基于这条路的方向。你可以什么都还没有，刚刚开始一个新的职业、一段新的关系、一次新的精神探索，但你依然可以打10分，只要你是走在一个正确的方向上的。

现在，请重新审视一下自己生活的各个领域，然后问问自己：我真正想要的到底是什么？我的梦想是什么？我对未来的期待是什么？什么是我内心深处真正渴望的东西，我犹豫、不敢承认，因为我觉得自己无法得到？我想体验什么样的人生？

你想要自己想要的东西，请学会坦然接纳这一点。别再否认自己真实的渴望，别继续活在逃避里。

写日记

获得新认知的最简单、最有效的方法之一，就是写日记。

把自己的想法从脑子里提炼出来，写在纸上，你会看清一些原本可能错失的东西。

一些人只是把日记当成记录每天生活和想法的工具，但日记真正的威力在于：**让你超出日常的思维，从上帝的视角重新审视自己的想法。**

你可以用日记做很多事，比如解决难办的问题，头脑风暴想出新点子，看清模糊的现状，评估自己对目标的完成情况，等等。在基本的记录功能之上，日记其实能极大地促进你的个人成长，只要你抱着这样的目的去使用它。

很多人喜欢把日记写在纸上，也有人喜欢用 Word，还有一些人喜欢用专门的记录软件。我在很多年里都用纸质日记本，但是在 2020 年换成了日记软件。软件的好处太多了：打字比写字更快，你写下的内容会保存在安全、私密的数据库里，可以很快地搜出以前保存的内容，可以更好地整理分类，可以很容易地备份，可以保存图片、录音、视频、电子表格、文件、网站链接……一旦你尝试过软件，就再也回不去了。

媒体戒断

减少媒体信息干扰的一个很好的办法，就是尝试一个 30 天的"媒体戒断"。在这 30 天里，不看电视，不看报纸，不看杂志，不看任何网上信息。完全隔绝各种媒体信息，看看会发生什么。

在《不看电视之后，我体验到的 8 个变化》这篇文章里，我记录过自己的社交戒断体验。连续 30 天不看电视之后，我感觉自己又能够专注在重要的事情上了。我花了更多时间去跟朋友相处，也花了更多时间外出而不是待在家里。这次尝试让我很受启发，建议你也试一试。在这本书的第 8 章中，你会了解到更多关于"30 天尝试"的知识。

——

在本章的结尾，我想把《镜中人》这首诗分享给你。这是我最喜欢的一首诗，第一次听到它时我还是个十几岁的少年，其中的文字深深打动了我。希望你也像我一样喜欢它：

> 当你在追求财富的路上获得所求，
> 当世界加冕你为一日之王，
> 请走到镜前照见自己，
> 聆听那镜中人有何心声。
>
> 他人的评判终将逝去，
> 既非父母，亦非伴侣，
> 你生命中真正的主宰，
> 正是面前这镜中之人。
>
> 他才是你应该取悦的人，不必多虑其余，
> 只因唯有他伴你一生，直至生命的尽头。
> 艰难险阻都可逾越，

只需镜中之人与你为友。

你或许像杰克·霍纳挖出珍宝,
于是自认卓绝之才。
镜中人却说,若你不敢直视他的眼睛,
你就只是一个乞丐。

你可以欺骗整个世界,
赢得身后无数掌声。
但你若对镜中人欺瞒失信,
最终将只有悲伤与泪水。

——德尔·温布罗(1895—1954),作于1934年

希望你能够听从这首诗第一节的指引。走到镜子前,看看自己——镜子里的这个人,称得上是我的朋友吗?

如果你希望获得清醒自主的成长,就一定要学会拥抱现实真相,放弃错误信念。真知推动成长,而错误信念只会阻碍成长。无论何时,如果你感到自己偏离了人生的正轨,那就停下来,问一问自己:我是否依然遵循着真实原则?如果答案是否定的,那就付出努力,让自己看清更多现实真相,提高认知,以及全然接纳自己所处的真实现状。

接下来,让我们把目光转向下一条基础原则;正是有了这条原则,我们才得以发掘生活的真相。

第 2 章

Personal Development for Smart People

爱

世间万物的秘密都能被你看透,只要你把足够的爱投入其中。

——乔治·华盛顿·卡佛

个人成长的第二条基础原则：爱。

我们知道爱是一种情绪，但爱又远远不止于此。你在人生中遇到的所有问题，背后其实都隐含着一个基本选择：要什么，以及不要什么。你可以选择与人建立联结，或者选择疏远；可以选择充分沉浸在工作中，或者选择拖延；可以选择接近某个人、地点、物品，又或者与之保持距离。**爱的本质，就是选择去建立联结。**

有些时候，爱是一瞬间的事。你对某个人、某个地方或者某些事情产生偏爱，但你也说不清到底为什么。总之基于某些原因，你能感受到一种强烈的联结感。也许你第一次见到某个人，就感觉你们以后会成为朋友；也许你就是对吉他这种乐器有一种特别的偏爱；又或许，你对某个地方就是能产生一种灵魂上的共鸣。你可能自己都说不清这些感觉是怎么产生的。但实际上，与外界产生联结，这本身就是生命中不可或缺的一个部分；我们甚至可以说，这就是我们为什么活着。

生活中的每一天里，你都需要做出选择。通过实际行动，你最终选择了与什么建立联结，以及避免与什么建立联结。是陪伴侣聊聊天，还是去看电视？下次度假是去自己以前最喜欢的地方，还是去一个新地方？在家陪宠物，还是去参加聚会？**每当你选择了建立某些联结，也就同时放弃了其他的所有可能性。**

如果你想要清醒自主地成长，就必须做出选择：加强哪些联结，以及削弱哪些联结。正是一个又一个这样的选择，最终决定了你度过一个什么样的人生。长远来看，你选择与什么建立最多的联结，你的生活也就是这个选择对应的外在投射。**当你对自己建立的联结感觉良好时，就说明遵循了爱的基本原则。**

接下来，我们一起探讨爱的原则的三个重要组成部分：联结、交流、共鸣。

联　　结

如果想要实现个人成长，你就必须学会与外部世界建立联结。与某个事物建立联结的含义是：**你把自己的注意力投注其中，与之产生联系**。你能够与人产生联结，也能够与组织、物品、地方、想法、价值观、活动……产生联结。

建立联结只需要一点，就是你的注意力。想念自己的母亲，思考民主，想到最喜欢的一首歌……当你把注意力投注在某个具体对象上时，就与之建立起了联结。

你还记得小时候刚开始探索周围世界的情形吗？你东张西望，一些东西会吸引你的注意力。然后，你就会接近这些东西，把它们捡起来，跟这些东西玩耍……通过直接的、一手的体验，你获得了对周围世界的认知。如果你不喜欢一个东西，那之后就会尽量避开它；如果你喜欢一个东西，那之后就会投注更多的注意力。有些时候，正是专注引导你进入了爱的状态。

长大以后，我们却常常忘了：**获得那些我们内心真正想要的东西，最好的方式就是径直走上前，与之建立联结**。我们设定了很多愚蠢的规矩，阻碍自己去接近内心真正渴望的东西。我们不能创建自己的生意，因为"风险太大"了；我们不能和那个真正吸引我们的人交谈，因为自己已经处于一段关系中了；我们不能探索其他信仰，因为我们的宗教不允许……

这些"规矩"根植于恐惧和孤立。如果你选择清醒自主的成长，那么这些东西根本没有立足之地。你会发现，自己跟这些规矩是冲突的。如果你想遵循爱的原则，就要能够主动和想要的事物建立联结。当你自主地选择和内心真正想要的东西建立联结时，当你对自己所有的外部联结真正感觉良好时，就是遵循了爱的基础原则。

我有很多最好的成长体验，都源于自己的选择：我选择跟对自己真正重要的事物建立联结，即使别人不理解也没关系。我选择做素食主义者就是个典型的例子。有一天我突然决定，接下来尝试一个月的素食，因为自己确实对这方面很感兴趣。结果，我实在太喜欢素食的感觉了，后来就再也没有恢复肉食。四年之后，我又进一步选择了纯素饮食（不食用任何动物制品）。

最初，我选择与"素食"这个吸引我的理念建立联结；后来，这个选择又带来了一连串新的联结，我结识了更多持有类似理念的朋友，这让我最终完全摒弃了自己原本不认同的饮食习惯。一些人反对我的这个决定，但对我自己来说那就是一个正确的选择。

为了获得成长,你必须拥有自由,自由地选择和自己想要的事物建立联结,以及和自己不想要的事物断开联结。别人没法带给你这份自由,因为这是你自己生而为人所拥有的权利。你不需要征求任何人的批准,来决定到底什么是最好的选择。付诸行动,与自己想要的一切建立联结,与自己不想要的一切断开联结,这全都取决于你自己。**再一次,当你清醒自主地选择和内心渴望的东西建立联结时,当你对自己的所有外部联结真正感觉良好时,也就是遵循了爱的基本原则。**

交　流

交流是我们表达爱的途径。

在英文里,交流是"communicate",前半部分"com"来自单词"common",原意是"共同的"。当我们和一个人交流的时候,一定会在某种程度上寻找双方的共同点。找到共同点,这是建立联结的基础。

高质量的交流其实有两步:首先,和自己熟悉的事物建立联结;然后,逐渐延伸到不熟悉的领域。当你新认识一个人时,第一步肯定是寻找双方的共同点(兴趣、价值观、处事态度……),正是这些共同点让你们形成基本的信任和友谊;第二步就是从彼此的不同中得到新知,最终获得成长。和你太过不同的人,你很难与之建立联结;而和你太过相似的人,他们又很难让你获得成长。最好的关系，是有足够的共同点作为基础；同时，又有足够的不同，引导彼此在新的方向上获得成长。

最高质量的交流，是人与人之间的面对面交流。在面对面交流的时候，你不仅能听到讲话内容，而且能通过语气和肢体语言来获取信息。在面对面交流的过程中，你往往能够体验到与他人的深度联结，这是电话或者电子邮件无法替代的。

好的沟通技巧需要花时间去学习。你练习得越多，就掌握得更好。有很多具体的技巧可以供你学习，比如微笑、某种姿势、眼神交流，等等。但一定不要忘了，**交流的最核心目的，是和另一个人建立联结**。即使你在心里定好了一个计划，想好了怎么说服、怎么教育或者怎么娱乐对方，第一步依然是建立起彼此之间的联结。优秀的演讲家、教师、喜剧演员，这些人都会首先努力去破冰，与听众建立联结；只有当联结建立起来之后，才能进入主要环节。

真正的交流，需要人与人之间基于爱和信任的相互理解，否则就无法有效传递彼此的真实想法。一味地表达自身想法、认为其他人都应该理解和接受你的观点，或者一味地倾听、认为自己理解对方的想法，这都是行不通的。如果想要获得真正良好的交流，表达者和倾听者之间必须存在对彼此真实的关怀。

人生中最快乐的事情之一，就是能够与其他人进行真正清醒自主的高质量交流。放下自我，放下偏见，放下各种技巧；彼此真正愿意和对方建立联结，最终实现学习和成长。一旦你体验过这种完全开放、充满热爱的交流，就很难再接受其他虚伪的交流了。

共　　鸣

共鸣是深度联结的感受，这种感受能让我们产生爱的情绪。那是一种快乐的感觉，**我们能够完全展示出最真实的自己**。

不妨思考一下你跟另一个人的关系。所谓的关系，到底存在于哪里？它不存在于客观的外部世界，你没法指着一个具体地方说：我们的关系就在那里。**实际上，关系是只存在于我们想法中的东西**。所以本质上，你跟另一个人的关系，就是你想象出来的关系，是你的信念支撑着关系的存在。如果你不再相信这段关系，那从任何实际的角度来看，它其实就已经不存在了。现实中的一些形式（比如一份协议）可能还存在着，但人与人之间真实的联结已经不复存在。

关系并不是任何一个外在的东西，人与人之间真正的连接仅仅存在于我们内心。当你真正理解这一点的时候，就能够明白：**关系的真正意义，在于内在自我的拓展**。无论何时，无论你以什么方式进行交流，你实际上都是从不同的方向探索自己。当你感受到和某个人的共鸣时，实际上是在跟一部分的自己产生深度联结。**通过与他人的共鸣，你学会全然地爱自己**。

我每天都收到很多邮件，其中大多数来自读者。他们从来没有跟我见过面，也从来没有跟我进行过交谈。但是，通过阅读我分享的大量个人成长相关思考,他们感觉我就像一个熟悉的朋友,因为他们很了解我。所以,我们之间其实已经存在人与人之间爱的联结,他们是从这样的角度给我写信的。很多人在第一次写信时就会分享自己的很多事情,这些事情他们甚至都不会跟配偶说起。在他们心里,自己已经在过去几个月甚至几年中,和我产生了强烈的共鸣。他们感到很自然,可以跟我探讨自己最私密的事情。毫无疑问,我也尽自己的最大努力,去珍惜这种富有爱的精神联结。

从内在自我的角度,我发现了一些更强有力的转变:通过把想法写出来,我逐渐能够对自己产生更强烈的认同,而这种内在转变也开始逐渐投射到外部世界。人们跟我交流的时候,不再先进行肤浅的客套,而是直接深入到最重要的主题。即使青少年跟我沟通时也是这样。

在内心里我对自己有越多的认同,在外部世界我就越能和他人建立深层次的联结。 如今,我的生活中充满了与他人建立深度联结的机会。过去多年的经历让我明白了,我们跟他人的关系,往往反映了我们内心里与很多个自我的关系。如果你无法跟他人建立良好的联结,那很可能是因为你无法对内在的自我产生认同。当你学会在内心里感受到爱的联结时,就会发现,跟他人建立联结其实很简单。

当你明白外部关系都是内在状态的反映,就能够清醒自主地改变看待关系的视角,进而改变外部世界的投射。如果你感到跟真实自我失去了联结,那外部关系一定也会出现问题。如果你想让自己跟他人的关系有更多爱,有更多接纳,那就要学会去爱和接纳内在不同面的自我。

爱自己是没有条件的,是我们清醒自主选择的结果。在人生中每一天的每一分每一秒,你都拥有自由去做出这个选择。你不需要去满足什么条件或者遵守什么教条。但同时,为了确保这个选择是真正清醒自主的,你需要真正了解自己。无论真实的你隐藏着什么问题,你都值得被爱。

爱原则的阻碍因素

一些因素会让你陷入孤立状态,无法建立新的联结,或者加深已有的联结。下面就是让你无法遵循爱原则的四个典型阻碍。

孤立型思维

当你的内心充满阻碍想法时,就很难清醒自主地与外部世界建立联结。在所有阻碍想法中,最糟糕的一个就是:我们每个人本质上都是孤立的个体。

孤立型思维往往会成为自证预言。内心的孤立思维会导致相应的外在行为,最终导致了孤立的结果。你往往选择退缩,而不是充满爱地去和别人交流;你往往选择机械式地握手,而不是给别人一个热情的拥抱;你往往选择被动等待别人迈出第一步,而不是主动创造交流的机会。于是,你真的变得越来越孤独。

你一定要明白：每个人都是完全孤立的个体，这是一个经不起推敲的论断。当你在睡梦中时，你是不是会觉得梦中其他人跟你是分离的？但当你醒过来时就会明白，那不是真的。所有梦中的角色都是你内心的投射罢了，他们都存在于你的内心，根本不是孤立于你的存在。那么，如果你用这种思维方式去看待自己清醒时所处的世界，会怎么样？

这世上并没有人规定，你必须把他人看作跟自己完全割裂的存在。相反，如果把世上所有人都看作自己生命的一部分，就像梦中的人物一样——从这种视角出发，你会产生一些更奇妙的洞见。

你明白的第一个真相就是：**对你来说，这世上并没有什么陌生人**。在你所处的现实中，每一个人都有着独特的意义，每一个人都是你生命中的一部分，都能带给你一些东西。爱这世上的另一个人，也就是爱一部分的你自己；你自己的每一部分都是值得被爱的，所以在你世界中的每一个人都是值得被爱的。爱他人和爱自己，其实是同一件事。

我在20多岁的时候，遇到了一个特别的女人。有一次我们交谈的时候，我发现自己很容易就能向她敞开心扉。我也不知道为什么，但跟她在一起就是会感到非常安全，我发自内心地信任她。我们很快就变成了很亲近的朋友。在此之前，我从来没体验过如此快地跟一个人建立如此深度的联结。

在接下来的几个星期里，我发现她有一种独特的能力——几乎可以跟任何人建立起融洽的关系。原本完全陌生的人，和她交流不到 10 分钟，就会开始跟她讲自己的人生故事。我问她这是怎么做到的，她解释说：她在内心深处知道，我们所有人其实是一个整体。她并不需要跟别人建立新的联结，她只是自然进入彼此的联结中，相信这份联结原本就是存在的。这种思维模式让她能够把爱原则很好地融入自己的生活，因为她把每一个人都视为充满爱的联结对象。

对我来说，这是一种完全陌生的人生理念。我曾经坚信，世上的每个人都是孤立存在的个体；跟别人建立真正的联结，这需要时间，需要共同的兴趣爱好，需要足够的包容，还需要一点运气。有些时候人们可以建立联结，但有些时候就不行。然而，我确实没法对这个女人创造的一切视而不见。

最终，我学会了放下自己的猜疑。我开始想象，自己原本就是跟世上的每个人相互联结的。保持这种状态对我来说挺难的，但我越持有这样的视角，它就慢慢变得越来越真实。从情感上，我变成了一个更有爱的人，结交新朋友变得比以往更容易了，我的社交生活达到了一种全新的丰富状态。有时候我第一次见某个人，就知道我们一定会成为好朋友。我跟一些刚认识不久的人互动，几乎是无意识的，感觉就像我们已经认识了很多年一样。而我发现，对方也会给出很好的回应。

那个让我把人际联结提升到全新高度的女人，名叫艾琳。我们在 1998 年结婚了。她跟每个人交流的时候，就好像对方已经是自己生命的一部分，而无所谓对方有什么样的头衔，有什么样的个性，或者有什么样的外表。几乎每周都会有人在电话中或者面对面地哭着向她倾诉内心，彼此之间建立深度的联结。通过把爱原则融入自己的生命，她得以帮助别人在很短的时间里获得极大的成长。

你其实可以很容易地与人建立联结，只需要进入原本就存在的联结状态就可以了。不见得非得破冰，你可以相信人与人之间本身就没有什么冰。在某种程度上，人与人本身就是相互联结的。当你越来越能够用这种视角看问题，你慢慢会发现，完全陌生的人也会愿意接近你，愿意和你交流。如果你能够热情地与他人建立联结，那往往就会收到相同的回应。

保持耐心，持续练习，你完全可以获得这种与人交流的能力。你不必为了从中受益而选择盲目相信这种理念，你可以仅仅尝试在脑子里进行想象。下次你和一些人在一起的时候，想象一下，那些人本质上其实已经是和你相互联结的，想象人与人之间的爱本身就在那里，然后看看会发生什么。

对被拒绝的恐惧

对被拒绝的恐惧，往往让原本很小的社交问题看起来就像巨大的威胁。这种恐惧会让你感到空虚、孤独、被孤立，失去与他人建立联结的积极意愿，最终让你偏离爱的基本原则。

上前一步，跟一个陌生人打声招呼："嗨，我叫史蒂夫，你看起来有点面熟，请问贵姓？"这有什么实质性的危险吗？并没有。也许对方会本能地认为你有什么目的，但通常都会让对话进行下去。最坏的结果无非大家重新各走各的路，什么也没发生；但最好的结果是，你可能从此认识了一个终生的好朋友。你愿意做这样的尝试吗？如果你能够保持开放心态，怀着爱心去真诚地与人交流，你往往会得到对方的回应。

如果你感到孤独，那么与他人建立联结才是解药。如果你花更多时间，跟积极的、快乐的、有趣的人在一起，你就不太可能一直感到状态低落。本质上，如果你感到失去了与他人的联结，深层原因可能是你跟最好的一部分内在自我失去了联结。

你是一个值得被爱的人。每当你因为害怕被拒绝而不再向外联结，实际上就是剥夺了别人了解你的机会。其实有很多人希望和你建立联结。人们都需要能够理解自己的人，需要能够让自己感到不孤独的人。你与他们建立联结，其实就是给予了他们真正想要的东西。

保持开放地向外探索，有时候确实会带来一些小风险，但长期来看你会因此受益匪浅。唯一失败的做法，就是你放弃了去尝试。在本书第 3 章和第 6 章，你会看到怎样建立自己的能量和勇气，去克服害怕被拒绝这个典型阻碍。

不兼容性

虽然人与人之间能够建立起精神层面的联结，但还是跟那些和自己有共同点的人交流更容易。相似的文化背景、相似的价值观、相似的脾性，这些会有助于交流，有助于建立新联结、加深原有联结。如果你想在生活中建立丰富的人际联结，一个明智的选择是：**去寻找那些能够与自己兼容的人**。尤其要关注性格特质、价值观，以及为人处世的态度。

你有没有过这种经历：虽然有一个人讲的每一个字你都不同意，但你还是点头假装同意。你知道如果选择把话说开、表达自己真实的想法，那只会招来一顿没完没了的指责。当我们跟价值观不同的人交流时，这种情况就很常见。当人与人之间缺少基本的兼容性时，交流就是一种折磨。你们会产生很多误解，遵循真实和爱的原则变成了一件很难的事。

随着不断成长，你的认知肯定会发生变化。这并不是什么坏事。允许自己学会放手，告别那些无法与你同频的组织、人、职业、行为……然后，新的机会才能进入你的生活。当你决定继续向前的时候，请带着爱向过往道别。然后，把珍贵的记忆保存起来，开始迎接新的生活。

放弃是艰难的，但它是个人成长道路上必不可少的一部分。如果你无法移除生活中那些不能兼容同频的部分，就只能生活在一味的忍耐中，无法建立起新的联结。结果你会更加隔绝真实的自我。**忍耐不是爱的表现；恰恰相反，忍耐是拒绝爱的表现**。

如果你让生活中充满与自己兼容同频的联结，一些强有力的转变就会发生。首先，你会感受到爱的支持和鼓励，去表达出最真实的自我；其次，对于一些原本跟你不相容的人，你也更容易与之建立联结了，因为你知道自己有着坚实的后盾。

不要站在原地，被动等待爱的联结进入你的生活。请走出去，清醒自主地创造它们。

缺乏社交技巧

如果你在与人交往时感到尴尬、很难跟他人建立联结,原因也许非常简单:你只是缺少经验而已。像很多其他技能一样,好的沟通技能也需要练习才可以获得。

市面上有很多关于提升社交技巧的书,但我没什么好推荐的,因为这些书基本都停留在比较低的"术"的层面,比如怎么开启谈话,怎么提问,怎么模仿他人的肢体动作,等等。人们使用这些所谓的技巧,只是学到了沟通的皮毛,往往让沟通变得肤浅而缺少真诚。如果你试图在与人沟通时使用愚蠢的、低阶的各类技巧,那你只不过会变得更擅长一些无意义的谈话,最终只会让别人觉得空洞无聊。

如果你一开始建立起正确的沟通思维,那根本不用操心怎么学习微笑、怎么模仿肢体动作之类的问题。只需要少量的练习,你就能够在不同的社交场合都感到舒服自然;而当你感到舒服自然的时候,就开始能自在地表达自我。人与人之间有效沟通的基础,就是彼此能感到轻松自在。

当你能够全然接纳自己时,以往那种过强的自我就会消散。你不再总是想着自己好看不好看,自己的声音好听不好听,别人会怎么看你,等等。你能够完全专注于彼此讨论的话题,以及此刻正与你交流的这个人。无论你是在跟一个老朋友聊天,还是在面对几百个人演讲,都是一样的道理。那种感觉就像——你看着这场交流自然地发生。

为了提升社交技能，你需要创造条件，让自己能发挥自然交流的风格。最好的方法之一，就是先从跟你价值观最相投、最让你感到舒服、最有爱的人开始。先在这些人中间打磨自己的沟通技能，然后再拓展到没这么轻松的其他群体。

举个例子，一个年轻男孩在跟女生说话时总是很害羞，但他发现自己在游戏里跟别人交流就非常自然。在游戏世界里，他更容易让自己遵循爱的原则，因为他本身就带着对游戏的喜爱。那么，如果想提升跟异性交流的技能，他就可以先去认识游戏里的异性，哪怕她们在千里之外也没关系。从这个点出发，他可以尝试加深与他人的友谊，然后逐渐把友谊从游戏世界转移到现实世界，比如发邮件或者打电话。当他习惯这些交流方式之后，就可以考虑加入一个本地的游戏俱乐部，尝试和一些女生进行面对面交流。通过不断延伸自己的舒适区，他就能慢慢拓展出自己的社交圈了。

从一个你感到合适的点开始，在这个点上，你感觉自己可以比较容易地遵循爱的原则；然后，向外扩展，建立新联结。用这种渐进的方式，你最终能够显著提升自己的社交技能。每当你适应了新场景，原本的舒适区外就变成了舒适区内，你的舒适区也就得到了扩展。你可以在自己的一生中不断持续这个过程，永远都不停止。你对于个人成长的持续追求，实际上就是不断向外建立新联结的过程。

怎样让自己建立更深度的联结

下面有一些具体的、没那么刻意的方法,你可以用来提升自己建立联结的能力。其中一些方法能帮助你建立新联结,而另一些则帮助你加深已有联结。

联结练习

通过一个非常简单的练习,可以提升你建立联结的能力。

首先,想象一个你爱的、熟悉的人。如果脑海里想不出固定的某一个人,那就想象一个自己钦佩或者敬仰的人。在心里想象,向这个人传递爱,想象你的爱就像一种积极的能量,向外流淌而出。进入你们之间本已存在的联结中,明白你们本就是同一个生命整体中的一部分。保持这种信念一段时间,感受一下,这种感觉其实非常棒。

然后,想象一个日常生活中的具体物品,比如一支笔。你原本对这个物品没有任何感觉。选这样一个触手可及的物品,拿起来,看着它,感受你和这个物品之间本已存在的联结,想象这个物品也是你生命中的一部分。从某种层面上,你们本就是相互联结的。想象你把心中爱的能量传递给它,然后说:我爱你,你很美。

这看起来可能有点奇怪,但你会发现这种感觉依然很棒。如果你能爱任何一个普通的物品,那还有什么是你不可以去爱的?

把目光保持在这件物品上,在向它传递爱的同时,想象你也能接收到它的回应。想象这件物品也向你传递爱,甚至可以想象它对你说:我也爱你。觉察自己和物品之间那种有爱的联结,这种感觉依然很棒。

本质上,你可以向任何东西投注爱。**爱不是某种意外之事。爱是一种选择,选择去感知我们在精神层面上与这个世界的深度联结。爱就是能够说出:我们都是一个整体。**

说了这么多,我是让你去爱上自己的家具吗?当然不是。真正重要的是,希望你可以掌握一种爱的视角,通过这种视角你会发现,给予爱、收获爱都变得更加容易了。把爱看作生命中本就存在的东西,这会让爱变得更简单;相反,别把爱看作某种你需要从无到有去创造的东西。

时空穿梭冥想

这是我最喜欢的冥想练习之一,相信你也一定会喜欢。

首先,找一个让你感到放松的地方,躺下来,或者舒服地坐下。闭上双眼,调整呼吸。想象自己正在一个房间里,中间有两把椅子相对着摆放。你坐在其中一把椅子上,而对面坐着的是五年后的你。他知道接下来五年里你将经历的所有事情。你可以跟他交谈,向他提任何想问的问题,然后倾听答案。

然后,五年后的你离开,五年前的你走进来,还是坐在对面的椅子上。此时的你,就是对方未来的样子。花一点点时间，回忆过去五年里自己经历过的事情。五年以前你的生活是什么样子？想象一下，过去的你向现在的你询问，这五年里发生了什么，他的生活变成了什么样子？然后你做出回答，**带着同情、理解和肯定**。告诉五年前的自己，接下来会出现怎样的挑战。但最终，你都挺过来了。

最后，想象未来的你重新进来，房间里有三个不同时间的你。想象你的身体开始发出光芒，慢慢变得透明，你在不同的自己之间穿梭。最终，过去的你、现在的你、未来的你，三者合而为一，融入一道光。这个时候，你的内心会涌起强烈的情感。这就是此刻真实的你，过去、现在和未来组成的真实的你。

如果你以前从来没有冥想过，那我建议你至少尝试一次"时空穿梭冥想"，它会让你意识到：你不仅仅是一个客观存在的人，随着时间一直往前走；你其实拥有一些永恒的、本质的东西，并不会随着时间而改变。当你拥有了这样的觉察，当下的焦虑就会慢慢减弱，随之而来的是对自我价值的认同感，以及与这个世界的联结感。

分享

与他人建立联结的最简单方式，就是向他们分享一些东西。分享一次谈话，分享一次经历，分享一个故事，分享一个笑话，分享一顿美食，分享一个游戏，分享真实的自己。在人生中有无数次机会，我们可以跟其他人分享有趣的时光。

不要害怕去做一个发起者。有时候,你发起一个午餐邀请,对方可能并没有接受。别因此而封闭自己,去邀请别人就好了,一定会有人更欢迎你。

一种常见的分享方式,就是跟别人共同参与到一个具体的事情中,比如一次约会、一次聚会或者一次度假。这些都会创造长久的记忆,加深人与人之间的联结。分享产生信任,而信任推动产生更强的联结。

快进

如果你想跟一个刚认识的人发展出更深度的联结,一个方法是,你可以在心里想象"快进"你们的关系。花上几分钟,想象你们已经是认识多年的好朋友了。根据你对这个人的了解,想象你们未来的相处会是什么样子。比如说,你知道他/她喜欢高尔夫,那不妨想象你们会在一起打很多次高尔夫,在你们最喜欢的球场上度过很多美好时光。想象你们之间的联结变得更强。如果你这样做,下次你见到他/她时会有一种感觉,好像你们之间的友谊已经变得比以前更深一些了,而对方也很可能会产生相同的感受。

"快进"其实是一种很常见的思维工具,你可能一直在使用却没有意识到。比如,想象跟自己喜欢的人之间可能的未来,这是我们常做的"白日梦"。但实际上,你也可以主动使用"快进"思维,跟一个新认识的人产生更有爱的联结,无论是朋友、约会对象还是生意伙伴,都可以。

直接表达

这个方法需要一点勇气，然而一旦发挥作用会极其有效。直接表达，就是直接向对方传递你的好感。在一次交谈中，你可以直接说："你知道吗，你是一个非常棒的朋友。"

除非你们之间有某些特殊矛盾，否则对方几乎一定会给你友好的回应。当坦诚开放地表达出自己的好感之后，你可能会发现，你们之间的联结会提升到一个新的水平。

在亲密关系的早期，我就向艾琳做过这样的表达。之前我们几乎还没有过什么正式的约会，但有一天晚上我们打电话时，我对她说："艾琳，我想让你知道，我非常喜欢你。虽然我们还没有过正式的约会，但我已经在想如果我们成为男女朋友会是什么样子。你觉得怎么样？"

幸运的是，她说自己也有相同的感觉。通过这样一次简单直接的表达，我们大大推进了两人之间的关系，彼此有了更多的关怀、信任以及亲密感。

如果这种直接的方法让你感觉不太舒服，那你完全可以选择委婉一点的方式。一次握手或者一个微笑，都可以是对彼此关系的一种很好的确认。

欣赏

还有一种与他人建立联结的方式，就是发自内心地表示欣赏。赞美对方最近取得的成就，指出对方身上让你钦佩的某个天赋或技能，或者就仅仅是分享对方打动你的某个小细节。请注意，只有在赞赏发自内心时才能这么做。永远不要为了操纵别人而进行虚伪的赞赏。

我曾经参加过头马国际演讲协会，它在全世界有上千家俱乐部，专注于帮助人们提升沟通和领导能力。在头马俱乐部的常规聚会中，每个演讲者都会受到其他成员的正式评价。大家有一个常用的评价方法，叫作"三明治法"：首先，你要告诉对方自己喜欢他演讲中的哪些地方；然后，提出一些改进建议；最后，再以赞扬和鼓励作为结束。

这是一种给别人反馈的好方法，也促进了俱乐部成员之间建立起良好的关系。对他人进行赞赏已经成了头马聚会的一部分，这确保了每一位演讲者都能得到他人的某些赞赏。

我发现，在极少数情况下，某个成员可能会做出过于严苛的批评。哪怕这个批评是客观的、有道理的，这样的行为依然会给氛围带来消极的影响。当大家都专注于积极方面时（比如彼此赞赏，分享有趣的事），我会感到大家之间的联结更紧密了。每次离开的时候，我都会感觉振奋，受到了鼓舞和支持。

感恩

建立联结的最后一种方法，就是对他人心怀感激。

有时候你很容易就能产生感激之情，比如想象一下：如果没有他/她，你的生活会变成什么样子？如果这个人永远地离开了你，你会失去什么？思考一下这些问题，注意自己会产生怎样的想法。

你可以把感恩心态用在更大的范围。你的家人、社区、国家，甚至整个地球……你拥有很多东西，哪些让你心怀感激？如果没有这些，你会失去什么？

很多人把拉斯维加斯看作"罪恶之城"，总是把这座城市和赌博等坏事联系在一起，但我选择用不同的眼光看待它。就是在这座城市里，我和艾琳买下了人生中第一栋房子，建立了成功的事业，认识了很多非常棒的朋友。怀着对这座城市的感激之情，我发现自己很容易就能和这里的人们建立联结，因为我们之间有着共同的纽带：我们都是这座令人惊奇的、充满活力的城市的居民。

如果你对所在的社区心怀感恩，就会发现，跟社区中其他居民建立联结将变得非常容易。这就是强化彼此之间原有联结的一种有效方式。

——

爱的原则，就是让你持续发掘真实自我的原则。遵循爱原则，你向外拓展，与人交流，在这个过程中不断深化与外部世界的联结。你越能够与外部世界建立良好联结，就越好地遵循了爱的基本原则。

感觉自己是孤立存在的个体，这是一种错误幻觉。请把各种不同的外部关系看作内在真实自我的投射；总有一天你会明白，所有外部关系的真正意义，都是让你学会从内而外地爱你自己。你和他人的每一次交流，本质上都是在探索自身的清醒意识，因为那是你所有外部关系的真正存在之处。当你学会爱世上的一切，也就真正把爱的原则融入了自己的人生。本质上，爱别人和爱自己其实是同一件事，而并非相互分离。

如果你发现自己难以向外拓展、主动与他人建立联结，不用担心。个人成长的其他原则会帮助你提升行动能力，特别是下一章要讲的原则。

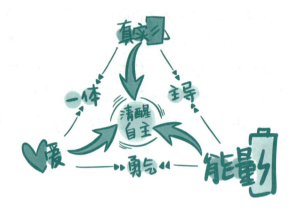

第 3 章

Personal Development for Smart People

能 量

真正意识到自己力量的人,就是这世上最有力量的人。

——塞涅卡

个人成长的第三条基础原则：能量。

能量指的是这样一种力量：你能够清醒自主地创造周围世界。当你的能量虚弱时，你不能有效地满足自身需求，获取自己渴望的事物，于是你变成了周遭环境的受害者；当你的能量强大时，你可以创造自主选择的生活，而周围环境只是你自主选择的反映。

对一些人来说，"能量"好像是一个不好的词，让人消极地联想到暴力、虐待、腐败、贪婪……但实际上，行使能量这件事本身并没有什么邪恶之处。能量可以跟真实原则、爱原则结合，也可能跟谎言、分离相结合。把能量用于好的事情还是不好的事情，取决于能量背后这个人的意识。

真实、爱、能量三个基础原则结合在一起，能够产生极大的积极影响。当真诚、善良的人缺乏能量，而虚伪、冷漠的人却充满能量时，我们将深受折磨。正是那些很好地结合了三条原则的人们，让这个世界变得美好；而如果你能成为这样的一个人，那我鼓励你主动发展自己的能量，因为这对大家都好。

如果你很好地发展了自身能量，你将能够更容易地满足自身需求和欲望，能够更容易地设定并达成有意义的目标。而如果你缺乏能量，人生就会是相反的体现：你会沉溺在低能量状态中，忽视自己的需求和欲望。当一个人忽视自己的基本需求，就没法活下去；而当一个人忽视自己的真实欲望，实际上就磨灭了自我意识，内心里早已经了无生趣。

有一些信仰体系教导人们，能量别那么强才是好的状态。

这其实是一派胡言。一个人能量匮乏，这没什么高尚可言，也没什么智慧可言。能量匮乏只是被内心深处的恐惧、否定、低自尊所误导的结果。如果你想更加清醒自主地活着，就必须学会正确运用自己的能量，而不是逃避它所带来的责任。

掌控能量并不容易。实际上你会发现，发展和正确使用能量，可能是你在个人成长道路上最大的一个挑战；但同时，这也是必不可少的一环。缺少这一环，你将变成生活的受害者；掌控能量，你才能成为一个清醒自主的创造者。

为了进一步加深对能量原则的理解，接下来我们将一起探讨能量的六个组成部分：责任、欲望、自主选择、专注、努力行动、自律。

责　　任

你必须学会接受一件事：自己为自己的人生全权负责。否则，你不可能成为一个充满能量的人。

你可以放弃对生活的掌控权；但最终，责任还是要由你自己承担，无论如何都躲不过的。如果你的身材走样，你就是那个爬楼梯喘不上气的人；如果你的信用卡透支，你就是那个需要还债的人；如果你不喜欢自己的工作，你就是那个每一天都要受其折磨的人。

你的生活最终只可能由你自己去承担。我可以和你一起探讨，我可以同情你的处境，我甚至可以尽最大努力去帮你。但是，最终我要回家过我的日子；而你，则要自己过自己选择的生活。你不可能去过我的生活。

如果你想否认，想逃避自己对人生的责任，那最终还是逃不掉的。你可以留在这份工作上磨洋工，可以吃很多垃圾食品，可以对着家人乱吼，没问题。只不过，你所有行为留下的问题，最终还是你自己去承受。**你越早认识到责任无法逃避，你的生活就越可能变得更好。**

当你还是个小孩子时，可能是其他人为你的生活负责（虽然你依然是承担后果的人）。你可能有一对充满爱、充满耐心的父母，也可能有一对暴躁的酒鬼父母；但最终，人生的责任还是会落在你自己的肩上。这看起来似乎很不"公平"，因为你没法选择自己有一个怎样的童年。但这就是人生啊，总会有一些我们无法改变的事情。

但是，**抱怨老天，抱怨父母，抱怨政府，抱怨其他任何人，这都没有任何意义。抱怨只会让你变成能量匮乏的人。**

纠结于是谁让你陷入了当前的处境，这没有意义；真正重要的是，你必须学会接纳现实。抱怨解决不了任何问题。

19岁那年因盗窃被捕的经历给我上了人生中极其重要的一课。那些天我唯一能做的就是不断思考：自己为什么走到了如今这一步？

有那么一刻，我突然意识到：是我自己把自己推到了这一步，因为我自己丢掉了对生活的掌控权。就在那一刻，我完全接受了自己对生活的责任。我花了好几年才从过去犯的错误中恢复过来，但首先我意识到自己应该负起责任，正是这种觉醒让我得以重建生活——自己主动选择的生活。

没有人能"拯救"你；没有人会双手奉上**你梦想的**工作；没有人能替你解决**你的**感情问题；没有人能替你减掉**你身上的**肥肉。如果你自己不主动解决问题，问题就永远不会被解决。

如果你想要不一样的结果，就必须跨出一步，自己去创造。完全承担起人生的责任，**意味着愿意付出应有的努力，去创造自己想要的一切。**

你想满足自己的需求和欲望，就要付出相应的努力。你必须主动创造自己的生活，而不是被动地任由一切发展。在承担起责任的道路上，你肯定会犯一些错，但永远别放弃自己。

完全承担起人生的责任，这很不容易，但并非无法实现。目前为止，你可能对生活还没有足够的掌控，这没关系。努力发展自己的能量，这能让你有机会创造自己想要的生活。生而为人，你的意念力量其实比生活中的任何障碍都更强大。在追求人生目标的过程中，你必然会遇到挑战和挫折，但如果你始终愿意去承担起责任，付出应有的努力，那终究会获得成功。

欲　　望

欲望是能量的动力来源。

生活的一个美好之处就是：生而为人，我们能够通过发挥自己的能量，过上自己真正想要的生活。这不意味着必须做成多么大的事情,而是能够享受人生旅途中取得成就的每一小步。

你想要什么?你痴迷于什么?你无比渴望得到什么,忍不住总是惦记着什么,即便自己都觉得不太可能?请允许自己拥有梦想。给自己一些时间,去发掘内心深处真实的欲望,无论它看起来是多么不切实际、多么没有可能,都没关系。

你想要达成某个目标,但暂时看起来希望渺茫,这是完全可以的。什么是不可以的?是你跟自己说谎,假装自己想要的东西其实无所谓。

永远不要否认自己真正想要的东西,否则你就违背了个人成长的所有基础原则。你违背了真实原则,因为你在对自己说谎;你违背了爱原则,因为你切断了和真实自我的联结;你违背了能量原则,因为你放弃了自我能量的动力来源——你真实的欲望。

如果你想发展自己的能量,就必须接纳自己真实的欲望,无论它看起来多么奇怪。

大多数人一生都未曾触碰过自己真实的欲望。他们让别人决定自己应该做什么;他们认为自己只能得到这些,然后安于这些;他们相信了社会教条告诉他们的无稽之谈,相信生活的意义就是几十年做一份找不到意义的工作,生活就是让自己陷入债务,生活就是让自己沉迷于愚蠢的娱乐活动。他们结婚了,生孩子了,最后贫穷地退休,悄无声息地死去。结果呢?他们一直都生活在绝望的阴影中,一直都缺乏能量,也一直都不曾真正快乐过。

别屈服于那些虚假欲望的幻想。**只有真实的欲望，才能激发真正的能量。**

自主选择

自主选择指的是，你能够完全自由地决定自己想要什么，你不需要乞求任何人的允许或者批准；你自己的选择由自己做主，而不受任何他人的指使；你也无须为自己的选择做解释。你想要自己想要的东西，这就足够了。

为了真正掌控自己的能量，你必须完全承担起对自己生活的责任。在难以判断的时候，在充满挑战的时候，甚至在需要冒险的时候……无论什么条件下，你都愿意主动做出选择。

没有人要求你的所有选择都必须正确；唯一确定的是，无论结果是什么，你自己都是承担责任的那个人。既然无法逃避自己生活的责任，那倒不妨主动做出选择，这样你至少能够决定一部分的结果。

当你走到人生中重要的十字路口时，请运用自己的能量，清醒自主地做出选择。给出一个清晰的答案：是，或者不是。不要陷入盲目被动接受的那种状态。唤起自己的能量，做出真正的选择。

生活其实一直在不断地发问：**你到底想要什么？**

你拥有给出答案的自由，无论你想要的到底是什么。遵循真实和爱的原则，可以让你更好地评估各种选择的可能性；但实际上，没有什么规定好的对或者错，你拥有选择的自由。你的选择是沉默，还是唤醒能量、做出清醒自主的选择？

社会教条可能会告诉你，你的人生必须服从一些他人制定出的所谓"规则"，但你必须穿过这些让人迷失自我的声音，你根本没有义务听从这些声音。真正能约束你的，从来只有你自己做出的选择以及与之对应的结果。你是一个自由的、独立的人，怎样行使人生的自由，说到底取决于你自己。

专　　注

真实的能量只存在于<u>当下</u>。没有存在于过去的能量，因为过去已经过去了；也没有存在于未来的能量，因为未来只存在于你的想象中。你此刻不可能改变过去，也不可能直接改变明天。

<u>当你的专注点偏离当下时，就开始让自己的能量变得匮乏了，因为你开始屈从于幻象</u>。也正因此，你应该把专注点放在当下，因为这是你真正拥有能量的唯一地方。

我们习惯于把时间看作一种可使用的资源，就像金钱一样。完成一个 1 小时的工作，就是花 1 小时的时间在工作上。你怎么度过自己的一天？你想在哪里度过下一个假期？你怎样度过午餐时间？这是我们谈论时间的一种常见方式，我也经常这么讲。但是严格来说，这种说法并不准确。

时间并不是一种可以自由使用的资源。你没法"使用"时间，无论你做什么或者不做什么，时间都会自动往前走。你没法选择要不要使用时间，**你唯一能选择的是，当下自己要把专注点放在哪里**。

事实上，你从来都不在过去，也从来都不在未来，你只存在于此时此地。即使你回忆过去或者想象未来，你也只是在此时此刻产生着这些念头，如此而已。你拥有的全部，就是当下；未来也一样，只是在未来拥有无数个新的当下。

你无法控制时间的流逝，但你能够控制当下专注于什么。就是这样——没有过去，没有未来，只有当下。

如果当下是唯一存在的东西，那我们谈论"长期目标"还有什么意义？事实上，我们还能"达成"任何目标吗？

要明白一件事：你只能在当下做出行动，你也只能在当下享受结果。你不可能真正体验过去或者未来，因为你根本不在那里——**但人们学习目标设定的时候，设定出的目标通常违背了这个事实**。而当我们对现实的认知存在这种偏差时，就很难达成任何目标；追求错误基础上的目标，只会变成一种挣扎。

设定目标不是为了控制未来，控制未来是没有意义的，因为未来只存在于你的想象中。**设定目标的真正意义，在于提升你当下的状态**。设定目标能够给你带来更大的清晰感，让你在当下能更加保持专注。每当你把目光放在某个目标上时，问问自己：设定这个目标，给我的当下带来了哪些提升？

如果一个目标并不能给当下带来任何提升，那就没多大意义，你也许应该放弃它。相反，当你想起一个目标时，它能让你有巨大的清晰感，让你变得更专注，让你充满动力，那这个目标才值得保留。

很多人在设定目标时，认为达成目标的道路上一定要有很多痛苦，有很多牺牲。但实际上，这种念头通常会导致失败。无论什么时候，当你思考一个新目标时，请留意它给你当前生活带来的影响。

你应该设定的，是那些你一想起来就感到充满能量、充满动力、能被激励的目标——虽然离最终实现还很远。相反，别设定那些让你感到能量匮乏、压力重重、疲惫无力的目标。**把目标设定作为提升当下专注度的方法，而不是当作控制未来的手段。**

想象一下，你设定了一个目标，要开启一份属于自己的生意。你想象在未来的某个时候，你自己当自己的老板，做自己喜欢的事情，获得不错的收入，尽情享受其中……这些都没什么问题。然后，你开始想象自己要付出多少辛苦努力，要面临什么风险，还有其他一系列让人沮丧的念头……于是，你开始脱离当下，进入了未来的幻象中。

请把你的专注点拉回当下，要意识到，所有这些东西都根本没发生。你只是在脑子里把这些编造了出来。被困在自己压根不想要的、假想出来的结果上，这多傻啊！

与之相反，试试这样：想象开始经营自己的生意，当所有事情进展顺利时感觉有多棒；然后，把专注点拉回当下，思考这个目标能给你当下的生活带来怎样的改变。不是一年以后，不是五年以后，甚至不是明天。自己当老板这个目标，能给此时此刻的你带来什么影响？它给你带来希望吗？它能激励你吗？它能让你充满期待吗？

让这些念头在内心翻腾一会儿。再一次，思考这个目标能给你的当下带来怎样的提升。如果你看不到什么明显的改变，那就放弃这个目标吧，去寻找其他目标。

你想减掉一些体重吗？想开始一段新的亲密关系吗？想从事一份更有成就感的工作吗？请停止想象过程中那些让人沮丧的困难；相反，想象这些目标能给你当下的生活状态带来怎样的改变，即使这些目标还远远没有变成现实。

想象自己拥有一副好身材，这个念头让你感觉如何？想象自己找到了灵魂伴侣，或者找到了一份很有成就感的工作，这些念头让你感觉如何？当你专注于这些目标时，你当下的状态发生了什么改变？你感到更有动力了吗？你感到被驱动起来、想要开始行动了吗？

如果你设定了能够提升当下状态的目标，那么要多久才能实现目标，这有什么关系呢？ 无论要花一周还是花五年，都没关系，因为追求目标的过程本身就是有趣的，就是享受的。重要的是，在当下，你就已经能够感到快乐，已经能够获得成就感。这让你可以在愉悦的状态中行动，往往还会因此而实现更高效的产出。

所以，别追逐那些在遥远未来才能让你快乐的目标；相反，请专注于那些能让你当下就感到快乐的目标。

当你设定一个目标的时候,你可以想象一个充满牺牲和痛苦的过程,虽然这都是关于未来的幻象;或者,你也可以通过这个目标,把兴奋、热情、动力注入当下。虽然表面上你是为未来设定目标,但实际上,你是为当下而设定目标。你越能够理解这一点,就越容易完成自己定下的计划。

如果你拥有这样的思维方式,那么很快就能学会设定各种各样的目标了。当你设定多个目标,并且看到自己专注于这些目标时产生的变化,慢慢就能找到其中的一些规律。你会发现,一些特定类型的目标总是能够激励你,而另一些就没有这样的效果。这些表面体现出来的规律,背后隐藏的其实就是你的人生目标;而当你能持续对人生目标有清醒认知时,你就能在任何时候保持动力——只需要把注意力聚焦在自己的人生目标上。

在本书第 9 章,你将对人生目标进行一轮深度探索。我会分享一个强有力的方法,帮你寻找自己的人生目标。

通过发展出对自己人生目标的清晰认知,我发现:如果一个目标偏离人生目标太远,就无法给我带来任何激励,于是就会变成浪费生命。

我曾经设定了一个目标,要成为一个很有钱的人,净资产至少也要超过 100 万美元。在个人成长的道路上,这看起来似乎是一件挺值得追求的事情,但实际上,这是个没有意义的目标,因为我根本不是真的在乎它。我专注于这个目标,结果却是变得孤立,变得偏离了真实自我;我开始把他人看作潜在的赚钱工具，而不是真正的"人"。最终当我放弃这个目标时，整个人立马感觉更好了，然后我就把注意力切换到了其他我真正在乎的事情上。

有些时候，你的人生目标会激励你设定出一些自己其实更想放弃的目标。2004年10月，我创建了StevePavlina.com这个网站，当时我的计划是打造一个全世界最好的个人成长网站。很多人会觉得这是个有问题的目标：首先，这个目标很模糊、很难衡量，"最好"到底是多好？其次，这个目标没有截止时间。再次，市面上已经有很多类似的网站，而我既没有预算也没有什么具体执行计划。最后，我还没有任何能对外展示的信用背书——没有博士学位，没出过书，没有教学经验，也没举办过任何相关的研讨会。我只是一个计算机和数学专业的游戏开发者。

虽然存在这么多的问题，但每当我专注于这个目标时，我都会感到极其充满动力。我想象着，人们来浏览我的网站，然后能获得很多有用的启发，能获得切实的帮助……这让我感到强大，感到充满能量。说不清为什么，我就是觉得这件事一定会成功。

专注在这个目标上，让我获得了巨大的写作动力。每个星期我都会创作新的文章，然后免费发布在自己的网站上。在最初的4个月里，这个网站没多少浏览量，也没产生任何收入。第5个月，有了第一笔收入，53美元。但在接下来的三年里，这个网站快速地发展着，拥有了几百篇免费文章，内容足够装满 20 本书。我从来没在营销推广上花过一分钱，但就是单纯通过口碑传播，网站浏览量达到了每个月 200 万人次。随着流量越来越大，网站开始产生每个月上万美元的收入（大多来自广告、分销佣金和读者打赏）。

不久之后，StevePavlina.com 就被很多人视为互联网上最受欢迎、最实用、最接地气的个人成长网站之一了。目标最终达成了，因为从一开始，这个目标就能够让我保持充分专注，让我充满动力去采取行动。

你设定的目标其实不一定要很具体、很清晰或者可衡量。你不需要很清楚的截止日期，也不需要很详细的执行计划。你真正需要的是一份强劲的动力，能够驱动你去行动，这就够了。只有对你而言最真实、与你内心最深处的期望一致的目标，才能唤起这样的能量。

在你发现那些真正能驱动你的目标时，你也会变得更加了解自己。我花了好几年才明白，物质型的目标总是会让我缺乏动力。很简单，我这个人就是没那么在乎金钱、资产或者所谓的财务自由，所以真的没兴趣追逐这些目标。如果必要的话，我可以最终躺在公园的长凳上，随身带一个写着"愿意用文章换食物"的牌子，就这么退休。

真正能让我感到热血沸腾的事情，是帮助人们获得成长。每当我看到人们在生活中取得突破、获得顿悟的时候，我就感到非常开心，这似乎就是我做事情最大的动力来源。每当设定出的目标能够给他人的生活带来积极影响时，我就会感到充满了动力。

如果你的目标表面看起来很伟大，实际上却无法让你充满期待和动力，那些目标就没什么意义。别停留在那些你根本不热爱的、没用的目标上。即使有一些目标看起来很靠谱、很有可行性，别人也都鼓励你去追求，但如果你自己根本不感兴趣，那最终事情也很可能做不成。所以从现在开始，请把你的专注点放在真正能够激励你的目标上，因为当下才是你真正拥有能量的唯一时刻。

努力行动

如果你想把期望的目标变成现实，那就必然要付出行动。当你设定出真正能够激励自己的目标时，你自然而然会感到被驱动着，想要采取行动。你会付出辛苦努力，但看起来似乎都不那么辛苦，因为你总是能够感到动力满满。实际上，在大多数时间里，你只是在做自己喜欢的事情而已。

有人会说，那"吸引力法则"怎么讲？为什么不能就坐在家里，通过"意念的力量"让目标实现？

这其实是对吸引力法则的严重误解。当你专注于自己的目标时，你确实更能够捕捉到生活中出现的新资源；但如果你不采取任何实际行动，那这些资源还是会枯竭，你也不可能实现目标。

通过你个人在客观世界中的行动，主观意念才能够变成现实。真实的欲望能够驱动你做出行动。如果你感觉不到行动的动力，那意味着你的意念还很弱，意味着你正在创造一些自己并不是非常渴望的东西，意味着你只是在艰难地挣扎。

如果你发现自己压根就没有动力去开始行动，那说明你设定了错误的目标。你需要找到能够让你充满动力的目标，你会感到简直等不及要去行动——这时你自然就会行动起来，几乎不用费什么劲。欲望是行动的动力之源。如果你用虚假的欲望驱动自己，那只会发现根本无法前进。没有意愿，当然就没有动力。

当你要开始一次期待已久的度假时，你会怎么做？你会赖在床上，抱怨打车去机场、赶飞机这些事太麻烦吗？还是说，你会感到兴奋，动力十足地出发？如果你的目标还不如一次度假更能激励你，那只能说明这些目标都是些烂目标。

实现真正有意义的目标，往往需要付出很多辛苦努力；但如果这些目标是正确的选择，那这些努力并不会让你感到痛苦。你依然会遇到困难和挑战，然而你拥有动力、拥有能量去直面它们。请选择那些能让你真正感到兴奋的目标，这样的目标会让原本艰苦的努力都变得好像不怎么费力了。

自　　律

现在好像"自律"也变成了一个不好的词。一些人会跟我们说，放轻松一点，随遇而安吧，别把自己搞得太辛苦……

各种追求"快捷"的理念渗透着现代社会。这些理念也许能让你吃更多原本不需要的垃圾食品，但是，如果你认为"自我实现""取得成就"这些事情对你来说是有意义的，那么前面的那些理念可帮不了你什么。

即使你的自我驱动力很强，能够在真正想实现的目标上付诸行动，但也总会有一些时候你的动力会减弱。这时，你就需要运用意志力来保持前进。

自律，就是无论你的状态如何，你都愿意坚持去做自己应该做的事。当你感觉没动力了，无聊了，犯懒了，这些时候就要靠自律来驱动你前进。在你自身的动力之外，"自律"就像一个附加的备用驱动装置。

动力满满当然是很好的状态，但问题是，动力本身是不稳定的，动力总是有高峰和低谷。即使你真的非常热爱自己在做的事，过程中依然会有很多烦人的、困难的情况出现。举个例子，就像你非常爱自己的孩子，很喜欢跟他们在一起；但是，依然会有一些时候，照顾他们就是个吃力不讨好的苦差事。

你当然可以休息一下，在需要的时候让别人帮忙。但即使你能够花一些时间恢复精力，之后依然还是会有动力不足的时候。而这些时候，就是自律派上用场的时候。

动力和自律是能量的两大支柱。在做一件事的过程中，动力往往在一开始是最高的，你有足够的新鲜感，目标在脑海里还很鲜活。比如你决定开启一项新的饮食和健身计划，那么刚开始几天你往往能欣然接受挑战，比较轻松地度过。但几个星期之后，一开始的那份动力就已经衰减了，计划开始显得很艰难，于是你开始怀疑是不是值得继续付出这么多努力。这个时候，就需要自律来防止你半途而废了。自律让你能够坚持下去，虽然自己可能已经想放弃了。如果说是动力让你开启了比赛，那么最终是自律让你能够通过终点线。

动力的最高点往往出现在行动的过程中。一旦停止行动，动力也就随之衰减。如果你有足够的自律驱使自己重新启动，行动的惯性则会重新点燃动力。从休息状态切换到行动状态，这需要足够的能量推动，然而一旦你已经动起来，持续下去其实就没那么难了。

自律必须跟理智相结合。把自己逼到崩溃并不会带来高产出；然而，把原本会被浪费的时间重新找回来，却必然会提高产出。自律意味着，在需要的时候做出正确的行动，这包括能在约定的时间内把任务完成，而不需要依靠什么极端的方法。熬一整个通宵来突击准备一场考试，这不叫自律——这只是拖延导致的结果。

有些时候，我早上一起床就感到动力满满，于是工作就进行得非常顺利；但也有些时候，我会感觉无精打采、动力不足。如果只依靠动力，那其实绝大多数事情我都完不成。如果只依靠动力，你就不会读到这本书，因为我根本就不会写完。很多时候，动力并不足以驱动我工作，但充满能量的内在自我又会站出来说：不要拖延，今天必须往前走。这个时候，就是要靠自律推动自己坚持下去。在做一件事的时候，通常只要我挺过开头最困难的半小时，接下来就能顺利进行下去。

问题、阻力、挫折……对于高度自律的人来说，这些都并非不可逾越的障碍。自律的人看待困难，就像健身的人看待杠铃一样：我会把你搞定，正是通过这个过程我才变得更强。一个40磅[一]的哑铃算重还是算轻？答案是，取决于你自己有多强壮。一些人会认为太重，但另一些人却认为太轻。同样的道理，一个困难是大还是小，这其实取决于你的自律水平。**你的自律水平越高，同一个问题在你面前就显得越小。**

即使在感觉不想动的时候，依然能够推动自己去做应该做的事，这并不容易。打造自律是你人生中最不容易的事情之一。正是因为太不容易了，以至于一些人为了避免自律愿意做任何事——无限制地拖延，甚至吸毒和自杀。虽然不容易，但自律始终是个人成长道路上至关重要的一环。如果没有自律，你很可能会生活在一种潜能无法被充分挖掘的低迷状态中。相反，请想象一下：你足够自律，总是能够把自己的想法坚定地执行下去，在人生中取得有意义的成就；每当你设定一个目标，你知道自己一定能坚持行动，直到目标达成——这真是一种很棒的感觉。

能量原则的阻碍因素

有很多阻碍因素会让你变得能量匮乏，其中一些让你否认

[一] 1磅≈0.45千克。

自己的能量，另一些则让你放弃自己的能量。只有在面对这些阻碍时保持清醒，你才能更好地运用自身能量。也许你过去非常弱，但内在能量其实一直都在等待你的召唤。

胆怯

胆怯是一种思维模式，你对自己说：我太弱了，我太渺小了，我不配拥有真正强大的能量。我凭什么有"充满意义的人生"？我只不过是地球上几十亿芸芸众生里微不足道的一个罢了。

这种信念会成为自证预言。实际上你充满能量，只是选择了用自己的能量去压制自己，结果让自己变得很弱。你就像自己世界里的一个上帝，但这个上帝却在宣告："让我自己变弱吧！"这就是真实在发生的事情。

正是胆怯的阻碍，让你选择在人生中追求那些微不足道、毫无意义的目标——如果你还有目标的话。但实际上，这些目标根本无法激励你。于是，你做着自己觉得没意义的工作，住在一个自己并不喜欢的地方，停留在一段削弱彼此能量的感情关系里——和同样缺乏能量、只把伴侣当作一个温暖肉体依靠的另一个人。与此同时，你的真实自我却在内心里挣扎呼喊。但你只是让自己沉迷在生活中那些无意义的娱乐消遣里，假装听不见内心的声音。

然而，你不应该躲在阴影中生活。那不是真实的你。你在浪费自己的生命，彻底低估了自己的能力。这就是摆在你面前的现实，而你自己就是需要承担起责任的那个人。别试图在自我欺骗中生活了，请抬起头去面对。

你来这世上活一次，不是为了把生命浪费在那些鸡毛蒜皮上。醒一醒，好好看一看你自己，承认事实吧：这都是些垃圾，我完全能做得更好！

哪怕只有一次，去倾听内心里那个强有力的声音。它会给你指引。

懦弱

懦弱，就是你用自己的能量去助长内心的恐惧而不是希望；你在创造自己不想要的东西，而不是自己真正想要的东西。

当你担心发挥自身能量会让自己犯错时，你就在助长对失败的恐惧。

真相是：在人生中的一些时候，你确实会失败，有些失败甚至还会酿成大错。但即使那样，其实也没什么好担心的。做一个充满能量的人，去面对失败，总好过一辈子逃避现实、唯唯诺诺地生活。

你在失败面前畏缩，只会让自己变得脆弱。只有不断犯下错误，并从中学到东西，你才会变得更强。

当你担心发挥自身能量会给自己带来很多责任时，你同样是在助长对失败的恐惧。

真相是：你其实一直都要对自己生活中的所有事情全权负责。你实际上没有什么选择，只能把生活扛在肩上，你不可能真正拒绝现实。你永远不可能通过削弱自己的能量来减轻自己的责任。生活的责任是逃不开的。

唯一明智的选择，就是主动运用自身能量，把事情做到自己能做到的最好的程度。把关注点放在自己想要的东西上，而不是放在不想要的东西上。与此同时，接纳能量所带来的责任。

消极信念

你可能曾经被误导过，认为能量在某种程度上是不好的，甚至是邪恶的。很可能你曾被教导，要把其他一些东西排在能量的前面，比如要忠心耿耿、温顺服从……这些品质通常会被某一类人赞扬——这些人通过胁迫和控制他人来获得力量。这并不是偶然。一些人把弱者当作猎物，他们会告诉你做强者是不对的。请注意，千万别把你的能量交给这些人。

如果你真的相信虚弱比有力量更好，那根据这个逻辑，你应该主动让自己变得越弱越好。你应该破坏自己的健康，毁掉自己的职业，切断与他人的关系。尽最大可能让自己变弱，然后看看那种感觉怎么样。这当然是违背常识的，所以我想你并不会真的做这种蠢事。

对于能量原则，你可能会持有一些错误的信念。请重新审视这些信念，看看是否符合自己的常识。你更想变得虚弱，还是变得充满能量？你想拥有更多的能力，还是更少的能力？把那些对你无益的信念挑出来，丢弃它们。

怎样打造自己的能量

和肌肉的原理一模一样：能量的削弱源于缺乏使用，而能量的增长源于频繁使用。你训练得越多，能量水平就变得越高。每个人都或多或少拥有一点能量，但在一生中，不是每个人都能发展到相同的能量水平。下面是一些方法，可以帮你成为更有能量的人。

渐进式训练

一个提升个人能量的好方法，就是渐进式训练——**让自己逐步应对越来越大的挑战。**

在健身训练肌肉时，你举起自己能承受的最大重量，然后休息，这样逐渐就能举起更大的重量。同样的道理，你可以去应对自己能力范围内的最大挑战，不断逼近自己的极限，这样逐渐就会提升自己的能量水平。

注意，我并不是让你去尝试能力范围之外的事情，然后反复失败；也不是让你停留在舒适区内，始终游刃有余。你应该选择的，是那些虽然在你目前能力范围内但非常接近你极限的挑战。

渐进式训练要求，一旦你做成了某件事，就要进一步提升挑战性。如果你一直停留在同样的难度，就不可能变得更强。

在打造自身能量的过程中，一个典型错误是把自己逼得太狠。如果你想给自己设定十几个新目标，然后指望一夜之间改变人生，那么你注定会失败。这就好比你第一次去健身房，结果就要直接卧推 300 磅的杠铃。这只会让自己看起来很蠢。请接纳自己当前所处的真实水平，不要因此而批判自己。

如果你是从一个很低的自律水平开始改变，那么起初你可能会发现，光是早点起床、按时还信用卡这些小事就已经很难做到了。但慢慢地你会有所进步，逐渐可以开始健康饮食，开始健身计划，停止一些有害的上瘾行为……随着时间推移，你积累起越来越多的能量，于是就有能力追求更大的目标，比如从事自己热爱的职业，或者获得令人满足的亲密关系，等等。

不要拿自己跟别人比较。如果你觉得自己很弱，那么其他所有人都会看起来格外强；如果你相信自己很强，那么其他所有人都会看起来更弱。但这种对比毫无意义。你只需要关注自己当下在哪里，然后盯紧目标，让自己一天比一天变得更强。

假设你定了一个目标，每个工作日都专注地工作 8 小时。也许你尝试这么做了，但只完成了一天，第二天计划就彻底失败。这完全没问题。现在你完成了一次 8 小时的专注工作，而目前为止两次对你来说难度太高了。那就砍掉一些。你能不能每天专注地工作 1 小时，连续五天都做到？如果你做不到，那就再砍掉一点，每天 30 分钟甚至更少，直到你有能力完成。然而一旦你成功完成，就要开始增加难度。当你能在一个难度水平上保持一周时，就在下一周提高一点难度。把这种渐进式训练持续下去，直到你达成自己的目标。

每周把标准提升一点点，难度始终控制在你的能力范围之内。随着时间推移,你将变得越来越强。在健身训练时,举重这个动作本身并没有什么意义。把一块铁举起来再放下去,这本身没什么价值。真正有价值的地方,在于最终肌肉的生长。但是,在提升能量和自律水平的过程中,你一开始就能从做的事情上受益了,所以这比健身训练更棒。训练过程本身让你变得更强;同时,最终还能产生有价值的结果(比如养成了某个新习惯)。这实际上是一种双赢。

掌控第一个小时

我们经常讲"一日之计在于晨",这句话说的就是,你开启一天的方式,会为这一天接下来的时间定下基调。如果你给早起第一个小时设定自律的目标,那你就更容易拥有高效的一天;相反,如果你浪费掉这第一个小时,那接下来的一整天往往也不怎么样。掌控每天的第一个小时,去运动、阅读、沐浴、写作,或者做其他高产出的事情。

很多人跟我讲过,每当他们在早上完成重要的任务时,接下来的好几个小时都会感觉良好、充满能量。我对此也深有体会。在一天中早早完成某个重要任务,这会让人感到动力满满。当你成功掌控了这第一个小时,你会产生一种感觉,就是无论接下来发生什么,今天都已经是成功的一天了。

个人指标管理

就像销售人员有月度指标一样,你也可以用指标管理的方法来提升自己的表现。对于生活中的一些方面,制定出每天的最小产出目标,这是提高自律水平的一个很好的方法,能够确保你始终在向前推进。

你可以使用任何指标,只要这个指标对你有效就好。如果你是一个写作者,可以规定每天要完成的字数、段落或者页数;如果你在做投资,可以规定每天需要完成的交易量或者赚取的收入;等等。

我尝试过"动作导向"的指标,也尝试过"产出导向"的指标。一开始我更喜欢前者,因为前者更加可控。对我来说,"每天写2个小时"肯定比"每天写2000字"更容易。但遗憾的是,我发现使用动作导向的指标时,产出结果会变差。因为我能保证投入的时间,但没法保证过程中从头到尾都有足够的动力。如今我更喜欢产出导向的指标,比如"写完一篇新文章"这种,因为我发现这样的指标能让我有更强的动力和更高的产出效率。

我建议你尝试一下,设定每天的工作指标,然后看看哪种更适合自己。从比较容易达成的小目标开始,之后逐步提高难度,让自己始终保持在一个良好的挑战状态中。

难题前置[一]

如果你在一天中有什么难题要处理,那就在早上最先解决。在做每天的安排时,遵循"从难到易"的顺序,先解决困

[一] 推荐同步阅读《吃掉那只青蛙》,机械工业出版社出版。——编辑注

难问题。

很多人每天是从处理最容易的事情开始的,比如查看邮件。**但问题是,如果你这么做,你就会把这些简单的事当作拖延手段**——你知道有更难的事情在后面等着。你根本没动力快速完成手头的事,因为如果那样做了,你只会更快迎来更难的工作。于是你很自然地放慢速度,而这种习惯通常会导致一个结果:最难的工作被延迟到下一天。

这种做法会严重降低你的能量水平,因为被你拖延推后的那些挑战性的事情,往往是最能给你带来积极影响的事情。

如果反过来,你把难题前置,先解决困难的任务,那么你每完成一项工作,接下来的工作都会变得更加轻松。这种做法能激励你在一天中保持高效节奏,因为接下来的总是更轻松的工作,所以你其实没什么理由拖延。试试把常规性的工作放在一天中的最后,然后看看你的工作效率会有多大的提升。

难题前置带来的巨大效率提升,让我感到惊讶。以前我早上做的第一件事是查看邮件,通常光回复邮件就要花掉一个小时。现在,我把这项工作放在一天中的晚些时候,发现每次只需要花 15～30 分钟。我会用更简单明了的方式去回复邮件,因为做完这最后一项工作,这一天的工作就结束了。

所以,试着把最容易的工作放到一天的最后,而不是放到开头。把最轻松的留到最后,这能让你在一天里都有盼头;而且你会发现,在一天的工作结束时,自己会感觉更加愉快。最先把难题搞定,然后再放松自己。

竞争

如果你是一个竞争型的人,那不妨把这个内在特质变成优势。竞争本身可以有很强的激励作用,对赢的渴望能够帮你激发出自身的能量。相比于仅仅为了个人提升,当能够赢得某些东西的时候,人们往往会变得更加卖力。竞争能促使人们拼尽全力。

我曾经参加过几个演讲比赛,发现那种竞争会促使我更认真地打磨自己的技能。如果想在比赛中胜过其他经验丰富的对手,我就必须更加用心地写稿、排练,以及更好地把内容表达出来。但如果我只是想给听众带来一点启发,那就很难做到这样拼尽全力。竞争提升了我的能量水平,促使我写出更好的演讲稿。

在销售和竞技体育等领域,竞争是非常普遍的。但你还能把这种方法用在哪些地方?你可不可以跟朋友们打一个赌,看谁能在一个月里减掉更多体重?你可不可以向一个朋友发起挑战,看谁能在 90 天内赚到更多钱?你可不可以跟爱人比一比,看谁能在一个月内读更多书?

竞争的有趣之处在于,即使你输了,你也依然赢了。你可能输掉了比赛,但依然能实现很多积极的改变。如果你不参与竞争,则很可能不会有这样的收获。竞争是一种很好的方法,帮助你打破固有习惯,推动你达到全新的能量水平。

休息

在健身训练中,休息是非常关键的一环,而打造自身能量也是同样的道理。正是通过训练和休息的合理循环,你才能够变得越来越强。每当你完成一项挑战，记得要休息一下，然后再迎接下一项挑战。稍微停一停，给自己一个放松和恢复的机会。

在健身的过程中，过度训练是一种很危险的做法，打造能量也是同理。如果你已经连续好几天感到筋疲力尽、缺乏动力，那就说明你把自己逼得太狠了。这个时候就应该放下工作，休息几天，去度个假。为下一个挑战积蓄足够能量，这样你才能在回到工作时变得更强。

——

你来到这世上，不是为了做一个虚弱和被动的人。你是来发挥出自己的能量的。打造自身能量需要付出很多努力，但这是值得的。你的能量越强，就越能成功创造出自己真正想要的生活。**面对人生这座宝藏，你挖得越深，就收获得越多。**

拥有成功的职业生涯是不容易的，经营良好的亲密关系是不容易的，获得财富自由是不容易的。这些东西都不会平白无故掉在你的面前，你必须争取才能得到。接纳对自己人生的全部责任，直面生活中的挑战。困难存在的意义是帮助你成长，而不是把你打败。你举起的重量本身就应该是足够沉的，因为只有这样，你才可能变得更强。

打造自身能量，这并不只关乎你自己。当你能够把真实、爱和能量原则良好地结合在一起时，就有机会为这个世界带来更多积极的改变。然而想要真正做到这些，你首先需要遵循下一章要讲的原则。

第 4 章

Personal Development for Smart People

一体

这世上所有的差异都只是程度的差异,而无关乎性质。因为世间万物本为一体。

——斯瓦米·韦委卡南达

在本章之前，我们已经探讨了个人成长的三条基础原则：真实、爱、能量。接下来，我们将进入衍生原则：一体、主导，以及勇气。

每一条衍生原则都源于基础原则。真实与爱构成一体，真实与能量构成主导，爱与能量构成勇气，这些衍生原则将加深你对清醒自主人生的理解。最终，真实、爱、能量这三条基础原则合而为一，构成个人成长的第七条原则，也是最高原则：清醒自主。你会在第 7 章看到这部分内容。

如上所述，一体原则，源于真实和爱两条基础原则。

爱是通过清醒自主的选择去和内心真正渴望的事物建立联结，而一体是明白一个真相：**与这个世界的联结，本就是你的自然状态。**

爱是选择去联结，一体是你知道自己本就与整个世界相联结。一体不是出于某个目的，而是你能感受到自己与世间万物都是联结在一起的。一体是纯粹的、没有条件的爱。

几年前的一天，我在自己家后院，一边吃午餐一边看着院子里的几只小鸟。于是我试着想象，与整个世界融为一体到底是种怎样的体验？没过多久，我感觉自己的意识开始向外延伸，仿佛超出自己的身体；我想象把那几只小鸟捧在手心，就好像自己身体真的在这么做一样；我的意识继续延伸，感觉四周的院墙似乎也成了自己的一部分；最终，这种意识覆盖了眼前的一切。我依然通过自己的"眼睛"在"看"，但内在意识已经告诉我，我远远不只是自己的这副躯体。这一刻，我的内心涌起了一股强烈的积极情感；这种感觉太强烈了，以至于很快把我从那种状态中推了出来。

这段经历虽然只持续了几秒钟，但对我产生了深刻而持久的影响。接下来几周里，我的内心经历着激烈的转变。我放弃了之前看待世界的视角——这个世界由完全孤立的个体组成。我不再把周围一切看作由孤立个体组成的世界，相反，我开始获得一种新的视角：**这个世界是一个巨大的躯体，而我们每一个个体都是其中的一个小细胞。**

一些小细胞完全没有意识到这个大躯体的存在，它们总是无意识地跟其他细胞争抢、对抗；但有一些小细胞已经意识到了，于是它们不断努力，去让大家共同所在的这个大躯体变得更好。

那些最具智慧的人类个体明白：世界大躯体的健康，跟每个小细胞的健康密不可分。没有每个小细胞，大躯体就无法运行；同样，没有大躯体，所有细胞也将难以存在。

一体，就是对这一真相的深度觉知。

通过一些练习，我学会了主动创造出这种自我意识延伸的愉悦体验。这就好像听一个熟悉的广播——电台是一直在播放的，只不过我需要把自己调整到正确的频率才能听到。我发现，调整频率最简单的方法就是问自己：那种愉悦感从哪里而来？这个问题能引导我找到正确的频率，一旦找对频率，那种感觉就会逐渐增强，让我感到极大的愉悦，那就是一种与这个世界联结为一体的感觉。

一体原则不能被单独丢开。它不是你加在个人成长清单里的某个任务，偶尔装装样子，然后第二天又重新回到孤立的思维模式。如果你能与一体原则产生共鸣，这将会给你带来巨大的转变。从此之后，你看待这世上的每一个人，都不再是与自己完全隔绝的孤立个体。

为了深度理解一体原则，让我们来看看其六个组成部分：共情、悲悯、坦诚、公平、贡献、联合。

共　情

一体视角让你能够与他人建立起共情的联结。你意识到自己不是一个孤岛，能够看到自己和他人之间本质上的联系。某种程度上，获得一体视角是一种幸运，而有些时候也是一种不幸。幸运的是，你能意识到自己和这个世界本质上是一体的；不幸的是，你会看到还有很多人并没有这样的觉知。

因为一体视角让你建立起与他人共情的联结，所以它给你带来深刻的快乐，同时也带来深刻的悲伤。你选择了一件事的快乐，也就同时选择了它的痛苦，如此而已。就像纪伯伦在诗里所写：

你生命中的悲伤越深刻，快乐也就越丰富。
那为你盛满美酒的杯皿，难道不是经受了炼炉的火焰？
那润滑的树脂，难道不是经受了树干被刀割？

当你愉悦时，望向内心深处，正是给你悲伤的东西给了你快乐。

当你痛苦时，望向内心深处，正是给你快乐的东西给了你悲伤。

当你处于一体的生命状态时，你开始能感受到世界这个大躯体的快乐与悲伤，而不再只是停留在小细胞的觉知层面。这种觉知有时会带来你能想象到的最高的荣耀感，而有时则会带来仿佛自我被掏空的空虚。

你通过一体视角感知到的不同现实真相，会让你感受到不同的情绪影响。当你对世界大躯体的未来有着积极的预期，认为人类正在向着好的方向发展，那你就会感觉很棒；相反，当你对世界大躯体的未来持悲观态度，则会感到强烈的悲伤，因为这个世界已经偏离了正轨。你无法把自己跟世界大躯体的命运完全分离开——人类的成就让你欣喜赞扬，人类的过错让你悲伤怜悯。于是，仅仅"不作恶"变得不够。**遵从一体的原则，你将选择主动行善。**

悲　悯

一体视角是悲悯的核心。在一体的生命状态中，你能感受到对他人自然而然的情感。当你明白所有人都和你是联结的、一体的，爱的行动就不需要强制，不需要费力。你不需要刻意提醒自己,把邻居当作自己一样看待;你明白邻居跟自己本质上都是一体的,做出相应行动也就不会多么困难。

有一天早上我在外面散步,看到一个流浪汉在商场外捡垃圾。商场还没开门,所以只有我跟他两个人站在那里。如果像以前那样缺少一体视角,我会直接走开,不会跟他有什么眼神接触。但这一次,我知道本质上我们都是一体的。他就是一部分的我。我并不需要刻意说服自己,我内心深处就能感觉得到。所以我没有犹豫,直接走向他,对他报以微笑,给了他一些钱,然后跟他说:希望你一切都好。他充满感激地看着我,跟我说谢谢。我这么做,并不是因为这能让我自己感觉良好;我这么做,是因为当我处在一体的生命状态中,悲悯就是我联结这个世界的一种自然的方式。

如果是以前的我,就会把眼前这个流浪汉看作跟自己完全无关的存在。我可能会为他感到难过;我可能会认为,如果给他钱,他就会拿钱去买酒;我可能会感受到自认为的悲悯之情,但这种情感其实根本不真实。然而在那一天,我脑海里完全没有这些消极的想法。我只是看向他,感觉仿佛也是在看向自己。那一刻,我看到了大躯体中的另一个小细胞,这个小细胞正在受苦,于是我想给它提供一点帮助和鼓励。本质上我其实没有给出去什么东西,我是在帮助另一部分的自己。

一体视角让悲悯变得不再有条件。无论属于什么种族,信仰什么宗教,有怎样的性取向,或者过着怎样的生活,都是一样的。他人的一些行为伤害了你，其实没那么要紧。你跟世上的每一个人都是联结的、一体的，每一个人都值得被爱。

坦　诚

当我们内心产生对一体的共鸣，谎言就变成了一种令人厌恶的东西，因为谎言会导致距离，会割裂人与人之间的联结。当我们意识到彼此之间都内在联结的时候，坦诚交流就变得很自然了。对他人说谎也就是对自己说谎。

想象一下，如果你身体里的细胞都开始对彼此说谎或者隐瞒一些真相，那会发生什么？一些白细胞报告说，一切正常！但其实它们正在病毒的攻击下步步退缩。它们可能会说，自己只是不想让其他人担心罢了。然而对整个身体来说，这样的行为是好还是坏？

在你跟所有人沟通时，尽量直截了当，足够坦诚。不要让自己习惯于谎言和蒙骗。请保持真实的底线。

但是，粗鲁的坦诚是最好的方式吗？并不是。真正的坦诚，是遵从真实原则，同时又能被爱原则所调和。把坦诚当作某种攻击武器，这并不是爱的表现，但把坦诚带入生活中的灰暗的角落，对我们有益无害。

说出实话有时候会带来痛苦、带来尴尬，但隐瞒会带来更大的伤害。你没有必要在真实自我上面戴一副虚假的面具。如果你想获得真正无条件的爱，就必须学会对这个世界完全坦诚。

在我的网站上,我经常公开分享自己过去最困难、最羞愧的那些经历。这对我来说其实是一种宣泄,我不确定这些东西是否能对别人有用。但让我吃惊的是,这些真实经历也给他人带来了深刻而持久的影响。在我的经历中,他们能看到自己的痛苦之处,这帮助他们从相似的伤痛中获得恢复。通过坦诚分享自己的悲伤,我其实让更多人活得更轻松了,而这又反过来让我从自己的经历中找到了快乐。我们在一体原则的基础上与人坦诚交流,最终其实会让自己的生命得到某种补充。

公　平

在一体原则的基础上,我们很自然就能得出"公平"的价值观。这里"公平"的定义是:**我们选择与人相处的方式,既能让彼此作为个体变得更好,同时也能让世界大躯体有所受益。**

公平不是平均。同为世界这个大躯体的组成部分,从这个层面上,每个小细胞都是平等的。但是,从构成和功能的层面,个体天然就是不同的。为了促进大躯体的良好运转,有些细胞成了血液细胞,有些成了脑细胞,有些成了皮肤细胞,等等。我们作为人也是类似的道理。从基本人权的层面,每个人都是平等的;但在其他层面上,过度强调"平等"对所有人并不是好事。我们天生都是不同的,具备的优势是不同的。所以,对我们每一个人来说,发展自己的独特之处,使之成为我们的独特才华，这是非常重要的一件事。这种对自我天赋的发展依然是公平的，虽然这似乎并不"平等"。

你与人相处的时候，是不是对朋友、对家人和对陌生人都一模一样？当然不是。一体原则并不违背这一点，并不是要求你完全相同地对待每一个人。一体原则给我们的，是一个做决策时更广阔的视角：不是局限在"对朋友和家人比对陌生人更慷慨"这种层面，**而是在那些自己能产生重要影响的优势领域，我们要更加慷慨，充分发挥自己的力量，而不要受当下社会责任的束缚**。有些时候，这意味着帮助一个亲近的朋友；有些时候，这也意味着帮助完全陌生的人。

当你遵循一体原则时，世界仿佛就是一个大家庭，而身处其中的每一个人都是你的家人。你不可能完全相同地对待这世上的几十亿家人，但作为其中一员，你能够做出清醒自主的选择，在自己擅长的领域做出积极的贡献。**这就是对这个世界、对你自己最大的公平**。

在更大的范围里，公平有时也会通过正义的形式体现出来。基于正义，我们必须做出选择，在个体需求与整体需求之间做出平衡——理想状态下，这意味着将两个层面之间的矛盾最小化。正义不应该只在法庭上被讨论，而应该是我们作为个体都应该秉持的东西。当我们对正义视而不见时，也就是选择了割裂思维而非一体原则，最终我们都会因此而受到惩罚。

贡　献

如果你具备了一体视角，自然就会想为这个世界做出更大的贡献。仅仅安于平庸的生活是不够的。作为大躯体中的一分子，**如果你在远低于自己能力的状态下活着，就是对自己责任的逃避**。对你自己，对其他人，你都没有活出最大的价值。

在我决定离开游戏行业之前，我已经把大量时间花在了帮助其他独立游戏开发者上，特别是那些想做出自己第一个游戏的人。我写了很多免费的文章，主持一个很受欢迎的免费线上论坛，免费分享了很多专业建议。然而，当我决定从游戏开发转向个人成长领域时，我就不再向别人提供以前那种层面的帮助了，而是迅速转向了新的领域。很多人对此感到不开心，但我认为这是一个很公平的选择：因为我相信，在个人成长领域，我能够为这个世界带来更多积极贡献。我从来没后悔过这个选择。

实际上，一体的理念还让我们在做出贡献时获得了更大的回报。如果没有一体视角，我们做事情的回报就仅仅停留在个体层面：这件事对我有什么好处？我自己能得到什么？我为什么要付出这些努力？

然而，一旦我们拥有了一体的视角，这些纠结就没有了，因为我们能够从更高的层面看待回报。本质上，别人取得成就，你也能够从中获益。别人的成功就像自己的成功一样具有价值。

你可曾发自内心地为他人的成功而开心过？很多读者会跟我分享他们在个人成长中取得的突破，每当读到这些反馈我都会很开心。我庆祝他们取得的成功，就好像那是我自己的成功一样。当我们中的一个人有所收获，我们每一个人其实都有收获。

一体和独立性并不冲突。大躯体中的每一个细胞都是独特的个体，每一个都有不同的特性。如果每个细胞都完全一样，大躯体就没法运转了。单独个体的健康是重要的，但在细胞的层面上有一个共识：要为大躯体的良好运转做出贡献，而不仅仅是为自己的快乐而工作。如果每个细胞都不推动大躯体的健康，那大躯体就会死亡，最终每一个细胞都会一起死亡。为了躯体的良好运转，细胞必须让自己尽量保持健康。身体支撑每一个细胞，每一个细胞也支撑着身体。

作为一个细胞个体，你在生命中能发挥的影响是有限的。如果你只是为了自己而活，那你的生命在人类整体背景下就真的微不足道了。除了极个别例外，大多数细胞作为个体而取得的小成就几乎没什么价值。然而，如果你能够把自己和整个大躯体的发展结合在一起，你的生命就有了更宏大的意义。你就是一部分的巨人，是更宏伟意义的一个贡献者，是人类清醒自主共同意识的一个缩影。

人类的健康就是你的健康，人类的成就也是你的成就。这世上任何一个人取得的成就，对你来说都如同自己的成就一般值得珍视。你作为个体的伟大，融入了人类共同意识的发展中。你愿意为这个发展历程做出怎样的贡献？

联　合

　　一体理念自然延伸的结果，就是联合意识的觉醒。你意识到小细胞对大躯体的健康负有责任，所以作为个体，你其实对这个世界负有一份责任。你不能继续只停留在个人、家庭的层面，而是要开始重新思考，自己的思维和行动将如何影响我们所在的这个世界。

　　联合的思维模式会带来一种巨大的责任感，所以很多人会感到这种压力难以承受。这很正常。对整个世界负起一份责任，这种感觉就像把一种巨大的负担放在肩上。你可能会想：个体怎么能承担这么大的责任呢？但实际上，对这种责任的逃避，正是一种对虚假幻想的屈服。对于这世上发生的事情，你其实永远无法完全逃避责任，因为你就是这世界的一部分。

　　如果你认为地球需要被保护，那你就是有责任去保护的那个人。如果你认为社会已经偏离正轨，那你就是有责任让大家回到正轨的那个人。如果你看到这世上存在问题，那你就是有责任去推动解决的那个人。

　　如果你还没有体会过与世界联结为一体的感受，很可能就不会同意上面这些观点。你会觉得，自己根本不可能对这些事情负有责任，因为自己只是这世上几十亿人中微不足道的一个。你觉得自己只是一个小细胞，而不是大躯体的一部分。

　　但是，当你明白所有人本质上都联结为一体的真相时，就会开始接受自己在现实生活中的责任，你就无法再一味退缩，否认这种觉知。我为什么要有所关心？联合意识，就是你的答案。

你不需要创建一个什么大型组织，去解决地球上的所有问题。你需要做的，是觉察到自己的行为对这个世界的影响，并开始从整体受益的角度去做出选择。从大躯体的层面思考，同时从小细胞的层面行动。

你能对这个世界做出的最大贡献，就是做最好的自己。 做最好的自己，就是完全遵循一体的原则，去做出榜样，并教人们也同样做最好的自己。越多的人遵循一体原则，所有人就联合得越紧密，最终这个世界就变得越好。

如果你想把一体原则更好地融入生活，就必须抛弃原有的孤立思维。所有让人与人之间更加隔绝的东西，都违背了一体原则。你越让自己陷入其中，就越难以获得真正一体的生命状态。这些阻碍包括：让人们彼此割裂的种族主义、性别歧视；通过打压他人获利的工作；只爱一小部分人的小家族式价值观；等等。无论这些理念多么根深蒂固，如果你想达到更高层次的觉知，就必须舍弃它们。

怎样获得一体的生命状态

没有人能逼你进入一体的生命状态。如果想要获得这种生命状态，你只能通过清醒自主的选择，而这种选择又包含两个层面：理性层面和感性层面。

理性层面，就是你主动选择用联结的视角看待这个世界，把自己看作世界整体中的一部分，并接纳由这种视角而产生的更高层面的责任。感性层面，就是去下意识地调整自己的心境，感受与世界联结为一体的当下，去体会那种愉悦。

如果想要真正掌握一体视角，就需要将理性和感性两个层面结合。如果只有理性层面，你将能够从逻辑上理解"与世界一体"这个事实，却无法真正感受到它，于是就缺少把这层认知转化为行动的动力。如果只有感性层面，你将能够通过直觉感受到与这个世界联结为一体，却又少了对这种直觉的合理解释；于是你偶尔能感受到那种快乐，却很难把这层认知长久融入自己的生活。

在发展一体视角的过程中，先从理性或者感性中的一个层面开始会比较好，这取决于你更擅长哪一层面。从你喜欢的一面开始，然后逐渐扩展到另一面。之后你就可以自由转换，逐渐让两个层面都有所提升。

我自己是从理性层面开始的。最初我其实并没有那种和整个世界联结为一体的感觉，但是从理性层面我看得很清楚：如果更多个体选择联合而非冲突，世界整体就能够变得更加美好。从理性层面，我知道和平比暴力更好，知道公平比偏见更好，等等。然而，我内心里并不能真正感受到这些。在我清醒自主地做出选择时，能做到遵循一体原则而行动，但从这种角度思考问题对我来说很吃力，让我感到不自然。

直到后来，我开始尝试从感性层面去体会，最终我能够从直觉层面获得一体的感受了。一开始，这种感受带来的责任似乎让人窒息；但我持续调整自己，去直接感受与世界的联结，这最终帮助我获得了一体的视角，并且能够感到很自然而不再是被迫如此。

下面是一些具体的练习方法，能够帮你掌握一体的视角。其中一些练习解决理性层面的问题，另一些则解决感性层面的问题。

想象一体世界

拿出 10 分钟时间，安静地坐下，放松，想象世上每个人都遵循一体原则而生活，那会是一个怎样的世界？想象这样一个世界，其中的每个人都感到与他人联结为一体，每个人都能感受到这种愉悦。在这个世界中，所有竞争都被合作替代。想象自己走在一条街上，穿过人群，所有人都如同家人。每个人都想着"我们"而不只是"我"，不再有损人利己的事情存在，每个人都为世界整体的美好负起一份责任——在这样一个世界中，人们会做出怎样的行动？

在这个一体的世界里，你总是能获得公平的对待，而无论你的种族、性别是什么。如果你需要帮助，就可以去询问任何人，你会像家人一样被对待。损人利己的想法，在这个世界里会显得格格不入。这个世界崇尚的准则是：我们都是一体的。

在这个世界里，没有武器，没有监狱，没有暴力，没有战争。人们会持有不同的观点，但他们会带着同情与公平的信念与他人合作，一同探寻真相。

允许自己在这个一体世界的想象中自由地遨游，想象那里的生活会是什么样子，看看此时自己会生起怎样的感觉。

虽然这只是一个假想练习，但它确实能够加深你对一体原则的理解。在真实世界里，如果你能遵循一体原则而生活，也会受益良多。当你基于合作、公平、同情这些理念与他人相处，以及你把他人当作家人和朋友来对待时，你往往就会收到他们相似的回应。随着时间的推移，你会慢慢吸引到越来越多秉持一体理念的朋友；而实际上，你最终就为自己创造出了一个遵循一体的小世界。

沉浸于自然

获得一体视角的最简单方法之一，就是置身于大自然中。哪怕只有 1 小时甚至更短的时间，让自己从城市中抽离出来，回归到大自然中。去看看动物，去触摸植物，去感受轻拂而过的微风。

你本就是大自然中的一部分，大自然也是你的一部分。你并不是一个外来访客，你本身就属于这里。停下忙碌，停下思考，置身植物和动物之间，体会一下那种感觉。重新意识到一个真相：你原本就是大自然中的一员。

我最喜欢的地方之一，就是亚利桑那州的塞多纳，距离拉斯维加斯 4 个小时的车程。上次我去那里，沿着一条线路爬上山，最终俯瞰整个博因顿峡谷。我独自在那里坐了1个小时，看着日落，享受那一刻的平静。那种感觉就像冥想一样。我感到内心如此平静，待在那里久久不愿离去。这种体验是一种很好的方式，让我们从感性层面找到一体的生命状态。

肢体接触

有一种让人非常愉悦的方法，可以让你获得一体的体验，那就是与另一个愿意的人进行肢体上的接触。拥抱你的爱人，怀抱一个小孩子，或者轻抚一个婴儿。什么都不用说，去感受人与人之间的那种联结。

在你们拥抱的时候，想象自己的清醒意识慢慢延伸到对方的身上。在内心深处，你会听到一个声音：我们都是一体的。没有分离，没有边界。你们融入彼此，分享同一个意识。感受这种纯粹的联结，抛开所有分离的意识。不用去思考你们是一体的，感受你们本就是一体的。

除了能帮你找到一体的感觉，肢体接触还能让你加深与对方的联结，这种感觉有时候可以持续很久。随着这种联结的加强，你与他人的交流也会发生转变。心怀爱的人，天然更富有清醒意识，更富有同情心。

在感到孤独时，有时我就会走到我的两个孩子面前，给他们一个拥抱。他们一个4岁，一个8岁，通常会紧紧地抱住我，跟他们之间的这种联结让我感觉非常好。其实拥抱抚摸一个动物也能产生这种联结感。艾琳和我曾经养过一只猫，当我们把它放在腿上轻轻抚摸的时候，它经常发出咕噜噜的声音。遗憾的是，我对猫过敏，所以后来不得不给它找了一个新家，但离开它真的是一件不容易的事，与它相处的那种感觉真是太棒了。

镜像练习

随机选择一个人，比如一个朋友、一位同事或者某个名人。你会怎么形容这个人？列一个小清单，写下这个人的关键特质。然后，在你喜欢的特质旁边打一个"＋"，在不喜欢的特质旁边打一个"－"。

接下来，看看你写下的这张清单，读给自己听。但现在换一个角度，想象你是在读一张其他人写下的、形容你的清单。在这么做的过程中，你会获得一些关于自己的新洞见——你会发现，**你在这张清单里写下的喜欢和不喜欢的品质，正是你对自己喜欢和不喜欢的品质。**

我曾经把这个镜像练习分享给很多人，而尝试过的人都会感到惊奇。我建议你也试一试，它只需要花几分钟时间，但能让你明白一个真相：**他人跟你其实没有那么的不同。**

我们夸赞别人的那个品质，往往就是我们喜欢的自己身上的品质；我们指责别人的那个品质，往往就是我们拒绝接受的自己身上的品质。当然了，我也知道：你本是一个美丽的、智慧的、有爱的人。

一

一体原则是我们最难持续遵循的原则之一，主要原因是，现实世界在很多时候还是充满割裂现象的。一体原则中很重要的一点，就是能够舍弃孤立思维，允许你的清醒意识向外延伸，突破自我的束缚。孤立自我越占据你的认知，你就越容易陷入隔绝的状态中。

我也希望可以说，自己总是能保持在一体的生命状态中，但事实并非如此。我只是从理性层面上、从情感层面上、从精神层面上感受过那种状态，我知道那是一种很美好的境界。在我状态最佳的时候，能够清醒自主地掌握一体视角；但遗憾的是，我也不是一直都能保持在最佳状态。

如果你发现达到甚至保持一体视角很困难，别沮丧。此时此刻，你理解这个概念就足够了。当时机成熟的时候，你将会清醒自主地把一体原则融入生活。但现在，我们需要继续往下走，探讨个人成长的下一条原则。

第 5 章

Personal Development for Smart People

主 导

去挑战强大的敌人，去赢得光荣的胜利，或者干脆遭遇失败的打击……所有这些，都远远好过跟懦弱的灵魂为伍。他们从未感受过真正的喜悦，也未经受过真正的考验，因为他们的生命是灰色的，那里从来没有真正的胜利，也没有真正的挑战。

——西奥多·罗斯福

主导原则，源于真实和能量两条基础原则。

看清生活的真相却能量匮乏，我们就无法做成任何事；相反，充满能量却双眼被蒙蔽，我们也只能做出无意义的行动。而主导，**就是我们能够主动把认知和行动结合起来，从而在人生中收获实际成果。**

当你过着偏离主导原则的生活时，你会习惯于浪费自己的时间。你也许拥有一定的认知，却无法良好地运用；你又或许采取了一些行动，但这些行动却混乱而缺少专注。你其实拥有足够的潜力，去过上充满能量、自主选择的生活；但只有当你真正把握自己人生的主导权时，这种潜力才能够被释放，否则一切都只是幻想。

遵循主导原则，你不是仅仅被动承担自己人生的责任，而是完全掌控指挥权。当然，理论上你不可能掌控人生中的所有事情，但你可以变得足够强大，足够有能力去实现为自己设定的人生目标。你对人生有足够的清晰感，能够清楚地知道自己想要什么样的生活，并且有足够的能量去创造这种生活。

接下来，我们一起探索主导原则的五个组成部分：指挥权、有效性、坚持、自信、重要性。

指 挥 权

你生命中只有一个真正的主导者，就是你自己。你负责做出所有选择，你负责采取所有行动。如果你寄希望于权威人物、领导或者导师，让他们来告诉你该怎样生活，那你就是在步入歧途。真正的领导者其实是你自己。无论你觉得是否准备好了，你都是那个手握指挥权的人。

无论你之前曾被教导持有什么样的信念，实际上在你的一生中，并不存在比你自己更高的主导者——你的父母不是，老板不是，你最喜欢的某个偶像也不是。如果你认为其他某个角色拥有对你的主导权，那只说明你主动选择了把自己的主导权送给别人。有些时候，不放弃主导权会很艰难，以至于你觉得自己没有什么选择，只能放弃。**但实际上，你永远都有选择**。即便被痛苦折磨或者被死亡威胁，你依然是自己人生的指挥官。你能做出的选择也许本身极其受限，但说到底，你还是做出选择的那个人。

真正的指挥权并不意味着不受约束、滥用权力。一个明智的指挥官从来不会胡乱下命令，然后还指望别人盲目听从。指挥必须基于真实现状，基于对当前条件的准确评估。你就是那个需要看清真实现状，并基于对现状的觉察做出最终决定的人。你能够获得关于实际情况的信息，至于如何运用这些信息，由你自己决定，生活等待着你的指令。你也许准备好了，也许没有，但无论如何，下命令的责任都在你的肩上。

我从小接受的教育，就是要信仰上帝（准确地讲是天主教的上帝），上帝就是我生命的终极主宰。我的生命是上帝授予的，而我的人生使命就是满足上帝的要求，根据上帝的要求来生活。人们跟我说我拥有自由意志。但实际上，我行使自由意志去做一些事，会受到上帝的嘉奖；而同样行使自由意志去做另一些事，则会受到上帝的惩罚。于是我感到很困惑，似乎正确的人生就是要把我的主导权交给那些宗教人士，但他们传授给我的东西却是说不通的，而且经常违背我的常识。我经常被劝导要把时间和金钱贡献给这些人，实际上却是帮他们发展了他们的力量。

在 17 岁时我终于意识到，自己一直以来都是被迫在信仰那些东西，从来没有过真正自由的选择。于是，我选择离开。我想清楚了：我要自主地做出自己的人生选择，而不是让那些宣称自己是上帝使者的人来教我该怎么生活。我愿意承担这种选择带来的结果，就算我错了也没关系。

这里要说明的是，信仰某个你真正感到崇敬的事物，这种生活方式完全没问题。但关键是，这一定要是你完全自由的、清醒自主的选择。盲目服从并没有什么光荣可言。无论是好是坏，你生而为人就天然被赋予了自由意志，所以你就永远都要为自己做出的选择负责。如果你沦为了某些权威的猎物，每当你行使自由意志就会受到惩罚，那么请看清真相：这样一种信仰不可能是对你有益的，赶紧放弃它吧。这些信仰的逻辑，就好比某个人送给你一份礼物，但如果你打开它就要受惩罚——简直是无稽之谈。学会做出自己清醒自主的选择，不再受困于某个所谓的神灵或者其他对你有所图的角色。除非你掌控自己的指挥权，否则就永远谈不上真正的自由意志。

如果你放弃了自己人生的主导权，其他人就会替你接管。

很多人让配偶、父母或者老板来接管他们的生活，但这种选择只能让人偏离真实和能量的原则，让人陷入低迷被动的生命状态。你会变得越来越无助，因为你越来越偏离真实的自我。然而，你的人生本该是自由的。

重新审视一下自己的生活，看看你现在拥有的一切。生活其实一直在听从你的指挥。如果你想要不一样的结果，就必须给出不一样的指令，而你就是唯一有资格做出这些决策的人。没有人能充当你人生的指挥官，只有你自己。

有 效 性

主导原则源于真实原则，本身具有极高的实用性，而有效性就是这条原则最实在的衡量标准。好的决策必须加上明智的行动，最终才能产生现实结果。为了更好地遵循主导原则，你必须思考两个问题：

我是在做出正确的决定吗？

我是在做出正确的行动吗？

当你行使自己的指挥权做出决策的时候，一定要重新回归真实原则。看看自己取得的结果，这些结果跟你原本预期的一样吗？不断从成功和失败中积累经验，之后再遇到类似情况时，你就能有更准确的判断。经验是提高行动有效性的最好支撑。

请留意一下，把真实和能量原则相结合，将怎样提升你做事的有效性。

首先，你看清自己心中的一个愿望，选择去追求；接着，运用自己的预测能力，选择一种合理的行动方式；然后，在你接近目标的过程中，你需要不断找出接下来正确的步骤，从而使自己始终走在正确的方向上。你运用自身能量，让自己能够保持前进。即使你在以很小的步伐前进，心智地图也始终在向前探测，持续优化选择，并持续对已获得的结果进行评估。

或许你最终达成了自己的目标，或许并没有。但无论哪种情况，你都积累了宝贵的经验。当你成功时，成功的预测、决策和行动路径会被进一步加强；当你失败时，你的心智地图会收到反馈，知道自己的预测是不准确的，从而刷新对于现实的认知，让你避免以后再犯类似的错误。在遵循真实和能量原则的过程中，你会遭遇一些阻碍，过程不会一帆风顺；但无论结果如何，你都能从中有所收获。

要明白一件事：失败确实是良师益友。虽然没达成目标是让人失望的，但失望永远都伴随着一定的奖赏。你失败了，但你也从此变得更聪明了。失败提升了你的心智，提升了你对未来的预测能力。这本身就是一个非常有意义的结果。

我在10岁时就开始学习编程。最初，我写出来的大多数程序压根无法运行；后来可以运行了，但又经常报错，有时还会直接导致电脑死机。那时我几乎不可能写出一个可以正确运行的程序。但是，我会对跑出来的结果进行仔细记录，尝试找到报错的原因，做相应修改，然后再次运行。这个时候往往还是会报错，我就再次寻找原因，做出更多改进。我不断地重复这个过程，要么程序最终成功运行，要么直到自己彻底认怂放弃。

我从这个过程中学到了什么呢？真正的收获肯定不是写出来的那些程序。我那时写的程序大多数没什么价值，我并没有创造出什么实际成果。我真正最大的收获是，经过成百上千次定位问题、修正问题，自己最终变成了一个编程高手。在大学毕业之前，我就已经能兼职做编程，帮商业公司开发游戏了。

在刚接手一个新任务的时候，你不太可能一上来就游刃有余；但你知道的是，通过一定时间的积累，你的能力最终会获得提升。你需要做的就是设定一个目标，做出选择，朝自己认为正确的方向走，持续行动。结果无非两种，要么你最终成功，要么从失败中学到经验。如果你失败了很多次，那只不过说明你还需要学习很多东西，才有足够的能力取得成功。

请主动去做出选择，哪怕有可能失败也没关系。失败会伴随着消极的结果，但会同时带来积极的结果——让你学到经验，最终指引你走向成功。从这个角度来说，如果你不能做一个终身学习者，那也就不可能真正成为人生的主导者。

坚　　持

想在任何一个新领域做到优秀，你都需要投入一定量的时间，通常可能需要好几年。给自己留出足够的时间，去逐步提升做这件事的有效性，这是必要的。你的心智地图需要积累足够的经验，才能慢慢做出准确的判断。如果你过早放弃，就永远没有机会完成从菜鸟到高手的那种质变。然而，正是在达到高手水准的时候，前面所有努力的回报才会真正显现。

在经营游戏公司的时候，前五年里我都搞得一塌糊涂。我设定清晰的目标，制订详细的计划，非常努力地工作，但一年又一年过去了，我只是背上了越来越多的债务。我犯下了一些严重的错误，但那个时候却自认为是很明智的选择。

我失败了，原因是我根本没有任何商业经验。我就是个技术宅，不知道自己有几斤几两。我对现实的判断是严重错误的，所以行动也就无法产生预期的结果。我预期赢利的，结果是亏损；我觉得万无一失的，结果在关键时刻崩溃；一些我认为是朋友的人，实际上背地里捅我一刀。一些人早就说过我会失败，他们也确实说对了。这是一段非常艰难的时期，我固执地拒绝放弃，结果花光了所有的钱，最后只能申请破产。

然而在此之后，我还是在继续尝试。我知道自己终究会把商业的事情搞明白。

事实证明，我的想法没错。我花了好几年时间，学会了从一个老板的角度（而不是从程序员的角度）看问题，最终停止亏损，让生意转了起来。我对现实的判断变得更准确了，付出的行动也开始产生预期的结果。我发布了一个预计会卖得很好的产品，实际上果真如此；我谈下了一个预计能持续带来额外收入的合同，实际上也确实如此。最终，在我学会了怎样经营一家公司之后，保持赢利对我来说就不再是难事了。

2004年创建StevePavlina.com网站的时候，我已经积累了商业上的成功经验。我感到很有信心，知道自己能把这个新生意做得更成功，最终我也确实做到了。自从创建以来，这个网站就一直是赢利的。很多不熟悉我的人，会惊讶于我如此快速地获得了成功；但他们不知道的是，我其实是经历了在之前公司的大量试错，才让这次的成功变得看起来很容易。我也不禁会想，如果没有在第一次创业中积累的经验，这一次会变成怎样的一团糟。

如果你听到某个人说成功很容易，那请掉头就走，越快越好。因为你面前的这个人正准备向你灌输一些所谓一夜暴富的鸡汤。然而真相是：**你非常难——几乎不可能——在一件自己从没做过的事情上快速成功。**要明白，失败和成功并不是对立的，失败是成功中必不可少的一部分。失败意味着你在付出行动，并在行动中犯错，在犯错中获得经验，最终你知道了怎样做出正确的行动，于是成功才随之而来。

当你正在经历失败阶段的时候，请保持耐心。如果你正在追求一个真正想实现的目标，一个内心深处的、每当想起来甚至让你热泪盈眶的目标，那就一定要坚持住。无论多么困难，别轻易放弃，真的。

不要一上来就给自己定太多目标，把自己逼得太紧。做到自己的最好就可以了。一开始，你能做到的最好或许就只是比纯粹的傻瓜好一点点——如果还算有一点幸运的话。但没有关系，你可以一步一步获得必要的能力，在未来的某一天，人们会把你视为高手——**高手就是积累起足够多的失败经验，最终**

获得了成功的人。

每当我回看过去的自己，看到那个自己一次又一次付出最大的努力、最终却只有失败——我心里总是会很感激。有时候我很想回到过去，给那时的自己一个大大的拥抱，告诉他，我是多么感谢他所做的一切。如果他没有在这些艰难的时候坚持下来，我就永远都不可能在生意上获得成功，也不可能像今天这样分享自己一路学到的东西。

每当看到人们经历失败却咬牙不放弃，我都会很受触动。在外人看来，他们似乎没有可能成功，但他们仍然坚持不懈。最终他们积累起了足够的经验，让自己的心智地图更好地匹配现实世界，于是行动开始带来成功的结果。对于那些已然拥有金钱和名声的成功人士，我并不会觉得怎么样；真正让我感动的，是那些虽然不被外人了解但你就是知道他们总有一天会成功的人。他们身上共有的东西，就是那种坚持不懈的精神。

关于坚持，我特别喜欢一段话，来自卡尔文·柯立芝：

这世上没有什么能胜过坚持不懈的精神。天赋不能，有天赋但不成功的人到处都有；才华不能，有才华但没成果的也大有人在；教育不能，受过良好教育的废人也遍地都是。坚持和决心才是真正无敌的品质。人类面对的所有问题，都已经被"坚持"两个字战胜，或者终将被这两个字战胜。

如果你非常清楚自己想要的是什么，那就不要委曲求全。

达成目标需要一些时间，请坦然接纳这一点，而且很可能这个时间比你想象的更长。请放弃那些走捷径、不劳而获的心思。让自己保持前进，付出努力。如果你真的能做到持续学习，持续成长，那么这些努力最终会获得回报。

自　　信

当你不断成长，在生活中越来越掌控主导权时，你的自信也会随之逐渐增强。这里说的不是你在约会前或者在演讲前给自己打气的那种自信。这里说的自信，是通过自身经历、基于生活现实，对自己的能力所具有的强烈而深层次的信心。这种自信是装不出来的。

真正的自信不是昙花一现，不是狂妄，不是气势汹汹，不是傲慢，不是凌驾于他人之上的感觉；当然，也不是虚伪的谦逊，自我贬低，或者一味顺从。用纪伯伦的话说：在该讲事实的时候谦虚，本质就是虚伪。

真正的自信，是内心深处明白一个真相：你是一个充满能量的存在。当你基于现实真相，看到自己拥有的能量时，自信就会自然显现。

承认我们自身的能量，这并不是一件容易的事。实际上，我们经常会害怕自己的力量，我们会选择假装虚弱，错误地认为这样就可以让自己逃避人生的责任。我们确实可以否认自己的力量，但我们其实永远无法逃避对自己人生的责任。当我们在一味否认中生活时,我们就失去了真正的自信,最多只剩下偶尔的匹夫之勇。

自信的第一步,是勇于承认现实。你不可能通过假装而获得真正的自信。如果你想要打造自信,就努力做到越真实越好,对他人真实,也对自己真实。你越能做到真实,心智地图就越能对现实做出准确的认知;随着你对现实的认知越来越准确,你在生活中做决策的质量就会越来越高,你的行动和获得的结果也就随之改变。准确的认知促成有效的结果,而自信就随着现实结果而产生。你知道自己付出的行动能带来积极的结果——这个时候,你就会感到自信。

自信有两种:短期自信和长期自信。

短期自信,就是能够确定短期内的成功。比如你对今天能开车回到家是自信的,因为你已经做过无数次了,所以知道自己能做到这件事。

长期自信,则是能够预期长远的成功,即便短期出现失败也没关系。这种层面的自信,源于你很清楚一件事:在追求目标的道路上,失败只不过是一个必经阶段。在刚开始做一件事的时候,很可能没法在短期内就成功;但你能够保持信心,知道只要坚持下去终究会达成目标。

我从来没学过弹钢琴,但我知道,如果自己下定决心去练,那么迟早能学会。注意,我并没有任何弹钢琴的经验;我知道自己能成功,是源于我对成功这件事本身的理解。我能学会走路、说话、编程,在不断试错中运营起自己的生意,我当然也能学会弹钢琴。我或许没有短期自信，不指望自己能很快弹出一首完整的曲子；但我依然有长期自信，知道自己迟早能做到这件事。我很清楚：我拥有足够的能力来达成这样一个目标，只要我真的想去做。

别去白费工夫假装自信，这很虚伪，也完全没必要。你不需要让自己装作很有信心，实际上却对自己充满怀疑。感到怀疑但依然做出行动，这是完全可以的。如果你能够坚持不懈，随着经验的积累，内心的怀疑最终会慢慢消失，你会找到真正自信的感觉，而不是一直假装自信。如果你想尝试一个新的事情但又实在很不擅长，那就尽管接纳事实，而不是去假装。你要明白，通过持续的成长，自己迟早会度过初始的菜鸟阶段。当菜鸟没什么光荣的，但菜鸟是高手的必经阶段。

重 要 性

在人生中掌握主导权的人，能够专注于对他们来说真正重要的事情。他们不把时间和精力浪费在鸡毛蒜皮的小事上，他们明白一个真相：自己的能量有限，要么用来做毫无意义的小事，要么用来追求真正有意义的目标。他们清醒自主地选择了后者，有时候理由很简单：后者能获得最多的成长。

在你的人生中，什么是真正重要的？什么对你来说是浪费时间？这些选择的主导权都在你自己手上，同时你也必须承担相应的结果。遵从真实和能量的原则，你一定要谨慎考虑。当你选择了一种行为，也就同时选择了相应的结果。

人的能力是有限的，你不可能百分之百地确定自己做的每一件事最终会带来什么样的结果。但是，你依然可以做出合乎逻辑的判断，而判断依据就是：自己是正在浪费生命，还是把时间用在了有意义的地方。哪些事情根本没什么意义？哪些事情会产生重要的影响？不需要一个大仙出来给你预测未来，你自己就完全能有一个合理的判断。

掌握主导权的一个体现，就是你有能力在当下做出那些预期在未来会有积极影响的选择。这中间没有什么模糊地带。如果你没法坦诚地说，自己在做的事长远来看确实有积极的影响——那不妨就承认吧，承认自己只是在浪费时间。承认事实，然后重新去设定你认为真正重要的目标。把时间投入在对自己真正重要的事情上，除此之外，别无选择。

最后，谁来决定什么是有意义的，什么是无意义的？答案就是：你自己。你是自己人生的主导者，你就是那个做出选择的人。听一听自己内心的声音。你感觉自己正在为真正有意义的事情做出贡献吗？或者，你的内心感到空虚，害怕自己的潜力被白白浪费？你现在的状态到底如何？人生中有哪些东西是真正重要的，又有哪些东西其实无关紧要，你能够分辨清楚吗？

怎样提升人生主导权

如本章开头所说，主导是源于真实和能量两条基础原则。

所以，当你在人生中更好地掌控主导权时，也就更好地遵循了真实和能量原则。相应地，真实和能量章节中介绍的那些具体做法，在本章也同样适用。当然，还有其他一些方法，能够帮助你提升自己的主导权。

小反抗

如果想要掌握对自己人生的主导权，你就必须更习惯于做出独立的决策，无论其他人是不是同意你的想法。真正掌握主导权，你就要能够打破周围人给你的压力，而最好的方法之一就是：制造小反抗，下意识地违背他人对你的期待。

小反抗指的是：你根据自己的自由意志去做事，同时往往伴随着一点消极的后果。你充分发挥自己的独立性，至于别人想做出什么反应，随他们去。这样的例子有很多，比如拒绝一次活动邀请，做一个特别的发型，或者在你的工位上贴几张与众不同的海报，等等。这些其实都不是什么大事，但其他人很可能会有所反应。

不要试图去解释。如果有人问你为什么做这些特别的事，只需要告诉他们，你就是喜欢这样。如果他们逼着你解释，你就说："很感谢你的关心，但我暂时还不太想解释背后的原因。"

当我还在上高中的时候，经常尝试的一个小反抗，就是在一些特别的东西上面写数学作业。我会用蜡笔在 2 厘米 ×2 厘米大的纸片上写答案，或者写在麦片盒子上。其他同学觉得我太过分了，但幸运的是，那时我有一个特别棒的老师，他接纳了我的这些小创作。如果你没用蜡笔写过数学题，就不算真正活过，哈哈……

这里我想说的，并不是要彻底表现得像一个怪胎，或者违背法律法规给自己带来麻烦。你需要做的是，打破一些约定俗成的所谓规矩，一些其实并没有人要求而你一直在盲从的规矩。这种小反抗的意义在于，它能让你意识到自己其实一直都拥有选择权。你其实能够保持独立，而无所谓别人会有怎样的反应。

分类法

在你行使对人生的主导权时，你还可以借鉴分类法，也就是把注意力集中在最重要的事情上。你可以把自己手头的任务、项目或者其他活动分成三类：

- 第一类，无论你做不做，都没有太大意义。
- 第二类，无论你做不做，事情都能成功。
- 第三类，只有在恰当的时间里行动，才会产生重要的影响。

如果你把注意力放在第一类事情上，就是在瞎忙，而真正重要的事情得不到处理；如果你把注意力放在第二类事情上，则是在浪费自己的时间与精力，实际上没有得到有意义的回报；你只有把注意力放在第三类事情上，才能把自己的时间与精力充分利用起来。为了聚焦于真正重要的目标，你必须把自己的注意力从前两类事情中收回来。

真正践行这种分类法是很不容易的，因为你经常需要舍弃一些自己原本感觉不错的选择——本质上，你就是在时间管理的层面上，对一部分需要帮助的事情说不。

如果你不进行分类，很多真正有价值的事情就会搁浅。分类的过程，其实就是对一个人自主意识的考验。当面前有一个着急的事情吸引你的注意力时，你就容易忘记长远而变得目光短浅。这时你一定要头脑清醒，问问自己：这真的是我当下能做的最有意义的事吗？

把对你来说属于第三类的事情列在一份清单里，放在每天都能看到的地方。可以写你认为最重要的目标，也可以写你想要关注的生活的某一方面（比如健康、感情关系、身心灵等），这个清单能在需要的时候帮你做出选择。当你能看到真正值得做的第三类事情时，自然就更容易拒绝前两类的事情了。

你的生活中有哪些事情已经岌岌可危，但如果你及时处理还能够挽救回来？健康？感情关系？职业？身心灵？为了挽救这些方面，你愿意放弃哪些属于前两类的事情？

试验法

提高心智地图准确性的最好方法之一，就是直接进行试验。不要从别人那里捡二手经验，尽管直接尝试，以此丰富自己的认知。别盲目听信所谓专家的建议，亲自尝试，搞清楚对自己来说什么才是最有效的。每个人都是不一样的，对别人适用的东西不见得对你也适用。

每当你产生一个新点子，可能会进一步提升自己做事的有效性，那就尝试一下，看看到底怎么样。别轻易放弃任何一个点子，除非你真的尝试过了。持续进行尝试，这会持续提升你的能力。因为在尝试的过程中，本质上你是在不断寻找能够进一步提升自我的方法。

我时不时地会做一些很奇怪的尝试，其中一些被我分享在自己的网站上了。比如，2015 年年底，我决定看看自己能不能适应"多相睡眠"。多相睡眠有很多不同的版本，我尝试的是在一天中每过 4 小时睡 20 分钟，也就是每 24 小时中有 6 次小睡、总睡眠时长 2 小时，以此来替代正常的睡眠时间。

尝试多相睡眠的人，大多数在几天之后就坚持不下去了。然而，在挺过睡眠时间骤减的第一周之后，我最终适应了这种睡眠模式。那是一次奇妙的尝试，甚至改变了我对于时间的理解；但后来我发现，自己好像活得跟整个世界都不同步了。我最终坚持了五个半月，主要受社交方面的影响，后来又恢复了常规的睡眠模式。那是我人生中非常难忘而且非常高效的一段时间，但归根结底，做这次尝试是因为我自主决定了去深入体验，而不是仅仅从书上了解皮毛。

并不是每个人都要做多相睡眠这样高难度的尝试，但你确实可以在个人成长方面做一些亲身试验，最终一定会从中受益。你在什么情况下工作效率更高，听着音乐还是保持周围安静？什么风格的衣服会让你更漂亮、感觉更好？你的伴侣对什么样的信息更敏感，声音、文字或者身体接触？在吃过不同食物之后，你能觉察到身体分别有什么感觉？你可以花大量时间去听所谓专家的建议，或者你可以直接做一个快速的试验，然后看看对你来说答案到底是什么。

每当某个所谓专家告诉你一个观点，你总能发现其他人在讲着完全相反的话。到底哪一种饮食习惯、身心灵修行或者投资方式是最"好"的？你必须做出自己的选择。请教专家没什么问题，但归根结底，你是自己人生最终的主导者。

———

你就是自己人生的指挥官，在这一点上没有什么"假如"或者"但是"。你可以放弃自己的能量，装作脆弱的样子，但不可否认的真相是：你依然是那个指挥官。

去跟那些对你来说最重要的事物建立联结。如果你觉得自己对社会负有一份责任，那你想最先改变什么？如果你要成为某个领域的高手，那会是什么领域？你内心深处其实有一个伟大的自我，等待着一个展现的机会，从而去做真正有意义的事情，你自己知道吗？人生中什么东西对你来说是真正重要的？

即使学会掌握主导权，你依然会在个人成长的道路上遇到各种各样的挑战。遵循真实和能量的原则其实还不够。为了应对人生中的挑战，你还需要了解下一章要讲的原则。

第 6 章

Personal Development for Smart People

勇 气

安全感儿乎是一种迷信。它本质上并不存在，也没人真正体验过它。如果你着眼长远，会发现逃避风险比直面风险更加危险。人生要么是一场勇敢的冒险，要么就什么都不是。直面生活的变数，在命运面前做一个自由的灵魂，这才是我们永远不会被打败的力量之源。

——海伦·凯勒

勇气原则，源于爱和能量两条基础原则。

能量可能是其中更明显的一个。说到勇气，我们通常会想到某个人做出勇敢的行动，而行动本身就是一种能量的表达。然而，爱也是很重要的一部分，爱是勇气背后的动力。说到底，正是我们内心深处存在的联结激励我们鼓起勇气。当我们感到联结被断开的时候，我们就失去了鼓起勇气的动力，不再有值得冒险的理由，不再有对行动的召唤。

当你想要做一件事，预计长远会带来积极影响，但短期内要付出代价——这就是需要勇气出现的时刻。你想结束一段无法让内心满足的感情关系，你想辞去一份毫无热情的工作，你决定改变自己走样的身材，这些事情从长远看都很棒；但问题是，这些改变都需要你面对短期的痛苦和挑战。

勇气是个人成长道路上必不可少的一部分，因为正是有了勇气，我们才能突破短期障碍，去追求长远的目标。当缺乏勇气时，你会停留于追求虚假的安全感，而不是采取真正有意义的行动。继续做一份看似稳定的工作，但你根本没有成就感；继续维持一段不满意的感情关系，但你的内心已经死去。接受自己已有的东西，尽量做好本分，随着生活的大流往前走，只求不要出错就好。这就是缺乏勇气的人生。

当你和真实自我断开联结时，就会感到恐惧；而当你进一步拒绝面对恐惧时，就开始在歧路上越走越远。**恐惧不应该被逃避，恐惧是你找回真实自我的通路。**我的经验是：**你害怕的东西，正是你迟早必须面对的东西。**

接下来，让我们一起探索勇气的四个组成部分：真实本心、发起行动、直截了当、荣耀感。

真实本心

勇气的英文单词是"courage"，源于拉丁词"cor"，意思是"心"。这其实准确地诠释出了勇气的含义：**勇气就是你能够联结真实的自我**。

当你屈服于恐惧时，你就是在被动地活着，失去了自己原本拥有的能量。只有通过勇气，你才能找回充满能量的那个真实自我。

人类学家卡洛斯·卡斯塔尼达曾写过这样一段话："在你踏上任何一条路之前，问一个问题：这条路是遵从本心的吗？如果答案是否定的，你自己一定知道。那就去选择其他道路。"

这条路是遵从你本心的吗？在内心深处，你认为这条路是正确的选择吗？卡斯塔尼达还写道："当一个人最终意识到自己选择了一条偏离本心的路时，这条路往往已然可以将其毁灭。"

我见过太多这样的人，他们把梦想丢到一边，选择了偏离本心的生活。一些人把名和利放在了人生的最高优先级上，想着外在的"成功"最终会让他们快乐，然而并不是这样；一些人让自己陷在充满痛苦的感情关系中，以为"安全感"最终会填补真爱的空缺，然而并不会；一些人让自己沉迷在毫无意义的娱乐活动里，认为这些也许能帮自己找到生活的热情，然而并不能。

如果你脚下的道路偏离本心，那你无疑是走在一条错误的道路上。遵循本心的道路会充满勇气，而不是充满虚假的安全感。错误道路的主要目的，就是让你得到虚假的安全感。在错误的道路上，你试图在外部世界找到替代自己本心的东西，比如金钱、地位。但实际上，如果你的内心已经跟真实自我失去联结，那你在外部世界是永远找不到的。勇气唤起你内在的真实能量；相反，寻求安全感只能让你变得脆弱。

遵从本心的道路往往是曲折的。每当你觉得自己看清了前路，结果就又出现一个让你意外的转变；即使你真的找到了方向，也很容易再次迷路，偏离目标。每当你感到自己偏离本心的时候，就停下来，问一问自己：哪里才是遵从本心的路？这能帮你重新回到自己的方向上。

如果你知道自己走在错误的道路上，却不知道该怎么找到正确的方向，该怎么办？这个时候，你要做的第一件事，就是别再继续错误的方向。如果你在当前这条路上找不到正确的方向，那就必须向这条路之外探索。你不能一边在错误的路上走，一边去寻找正确的路。

过去这些年里我见过很多人，他们意识到自己一直走在偏离本心的道路上，这其实是在慢性自杀。于是，他们最终做出了职业、感情关系、生活方式等方面的重要转变。他们中的一些人转变得很突然，很快就辞去了原有工作，勇敢开启新的职业方向；也有一些人是逐步转变的，继续做原本的工作，但同时在业余时间做新的尝试。他们知道自己必须放弃偏离本心的道路，然而，不留后路并不意味着把自己逼上绝路。你还是要做一些必要的准备，才能满足转变的需要；但是，请确保自己走得足够远，别再想着回到老路上去。

看到人们重新走上遵从本心的道路，这种感觉非常美妙。在转变还远远没完成的时候，他们就已经能够感到充满勇气，内心快乐，以及无比的自由。发挥自己的勇气，这让他们重新知道了什么是真正在活着。

发起行动

勇气是一种关乎行动、关乎当下的品格，你不需要等待什么"条件"才能拥有勇气。勇气是去主动发起行动，去跨出第一步，去推动事情开始。不要坐着等一个新的职业，不要坐着等一段新的感情关系，不要坐着等机会从天上掉下来。这世界其实在等着你跨出第一步，去发挥你的能量。

主动地思考自己想要的东西，我非常建议你这么做。如果你没有特别想要某个东西，没有直接做出行动，那又说明什么？难道不正说明你并非足够想要吗？如果你非常饿，你是会原地坐着等待天上掉馅饼，还是会行动起来给自己找点东西吃？如果你的意愿足够强烈，行动就会变成自然的结果。使用吸引力法则的最好方式，就是去行动。

恐惧是机会的阻碍。你人生中最后悔的，不是自己犯下过什么错误；你人生中最后悔的，是你曾经让机会从指间溜走，而没有做出任何行动。一旦你发起行动，就已经开始让恐惧消散，一瞥机会的真容。你最终得以超越短期的困难，获得长远的价值。

长远来看，一直陷在恐惧中其实比采取行动更痛苦。恐惧可能只是想象出来的，但它会给你带来持续的、本不必要的折磨，让你不舒服，让你焦虑，让你压力重重。如果不采取行动解决，这些问题能持续几个月、几年，甚至一辈子。

但是，勇气引起的不舒服却只是暂时的，有些时候恢复只需要几分钟。**选择勇气的道路，最终实际上会减少你的痛苦。**

直截了当

人们常常拐弯抹角，非得绕远路去追求自己的目标，为什么？因为这样被拒绝的风险更小。

比如，人们经常通过社交网络发一些"试探信号"，以此提前判断一下自己的要求是否会被拒绝。如果我销售这件商品会怎么样？如果我提出想要升职会怎么样？如果我提出约会邀请会怎么样？他们只敢"试探"一点点，思路是：如果收到消极的反馈，就可以提前避免被拒绝；如果收到积极的反馈，再采取行动，这样风险就小一些。

乍一看，这种做法是挺合理的。但这样做只有一个问题：

很蠢。对于获取人生中真正想要的那些东西,这是一种很蠢的做法。这种做法太弱了,这种做法太不坦诚了,这种做法太刻意了。

那些总是想办法避免被拒绝的人,长远来看只是削弱了他们自己的勇气。他们花了太多时间和精力去绕弯子,但与此同时,宝贵的机会却已经从他们的指尖溜走。所有这些其实都可以避免,只需要你有那么几秒钟的勇敢行动就好了。

如果你渴望一个东西,那就直截了当地去要。

接受可能被拒绝的风险,无论如何,唤起自己的勇气,去采取行动。如果你被拒绝了,那也能活得好好的,你将通过被拒绝的经历而获得成长。如果你没被拒绝呢?那你就用最快最简单的方式,得到了自己想要的东西。当你勇于面对被拒绝的风险时,要么你得到了自己想要的,要么你锻炼了自己的勇气。无论哪种情况,你都会有所收获。

过于直接确实会产生负面效果,所以我们并不是要变得咄咄逼人,不是要变得很激进。我们要做的是足够真实、开放、坦诚。如果对方并没有积极回应,那你至少清楚地知道自己该停下来了。你已经遵循了真实的原则,让问题变得尽可能明朗。所有东西都开诚布公地说清楚,最终得到一个坦诚的拒绝,也好过一个模糊不清的搪塞。

当你提出自己的需求时,开放坦诚地分享你的真实想法和感受,这样对方也更容易给你一个真诚的回答。比如,当你想和一个女生约会时,不妨这么说:"嗨,凯西,我们已经认识挺久了。实话实说,我对你很有感觉,我很喜欢你。不知道你是不是对我也有相同的感觉,我很希望能更多地了解你,看看有没有可能让你做我的女朋友。你觉得可以吗?"

然后,看对方的反应就好了。你怎么应对随之而来的尴尬呢?实际上,你根本不必有什么尴尬,只需接纳结果就好,而不是一味地拒绝接受。你当然可能得到一个失望的回答,但值得欣慰的是,你至少很好地锻炼了自己的勇气。哪怕失败了,直面内心恐惧本身也已经是一种成功。别担心被拒绝,被拒绝不是什么稀罕事,学会坦然接纳这一点。某个人拒绝了你,这并不代表你不值得被爱。

如果一个人非常坦诚地向你提出某个请求,你会是什么反应?最可能的是,你要么接受请求,要么至少也会委婉地拒绝,不让对方难堪。即使必须拒绝,对于这个足够坦诚开放而不藏着掖着的人,你是不是也会报以尊重?

由于职业特点,我每天都会收到很多请求。一些人希望我在网站上给他们的产品写评价,一些人希望我帮他们做推广,还有一些人希望我做他们的教练或者导师。对于这些坦诚提出自己需求的人,我始终报以尊重,并且认真考虑每一个要求。在条件允许的情况下,我会答应其中的一部分。但是,如果我发现一些心怀不轨、不真诚的把戏,我也会以相应的方式做出回复,也就是拒绝。

当人们知道你是一个直截了当的人,那么即使这次必须拒绝你,他们也往往会在以后给你提供新的机会,因为你体现出了足够的开放和坦诚。拒绝你的人最终会变成你新的合作伙伴，为你介绍更多机会。一次被拒绝的销售，也可以带来更多客户转介绍；一次被拒绝的晋升，也可以带来更好的职位机会。如果你坦诚直接地跟人们相处，他们都会记得，因为坦诚的人很容易从人群中脱颖而出。

你是否一直试着过"安全"的生活？安全在英文里既是形容词也是名词。用作形容词时，它的解释是"脱离危险"；用作名词时，它的解释是"一个封闭带锁的存储容器"（保险箱）。如果你想一辈子活得没有任何风险，那也就意味着活得像一个封闭的保险箱。

别总是想着避免被拒绝，结果把自己锁在了充满虚假安全感的牢笼里。长远来看，相比在臆想的危险下落荒而逃，打造自己的勇气才是更明智的选择。

荣 耀 感

勇气让你唤起自己的能量，同时也把能量注入你与这个世界的联结中。当你运用勇气时，你会感到跟真实自我建立起了更强的联结；你与他人也能建立起更深层次的联结，因为你与他们的互动是基于真实、爱与能量的，而不是建立在虚伪、漠然和怯懦之上。随着时间推移，生命中的所有联结都会越来越强，最终把你推向更高层次的觉知状态中。这个时候，你将能够清醒自主地选择一种以原则为核心的生活，也就是我们称之为"荣耀感"的生命状态。

荣耀并不是对某个组织或者个体的忠诚，这种忠诚往往基于表面的关系纽带。真正的荣耀是一种真实无条件的爱，这种爱超越了我们每一个个体。荣耀意味着，能量和爱融合，与真实原则重新联结起来。

荣耀的核心动力，是你作为人的清醒意识、你与生俱来分辨正确和错误的直觉。正确的行为能够遵循真实、爱与能量的基础原则，而错误的行为则偏离这些原则。**荣耀感让你能够区分这两者**。

荣耀感让你能够看清，服务自己与服务他人，实际上是同一件事。大躯体的健康和小细胞的健康是同一件事。为了大躯体能够遵循真实、爱和能量原则，其中的小细胞就必须都这么做。当你和内心深处的真实自我建立起了联结，就是和你的真实、你的爱、你的能量建立起了联结；当你和他人建立起了深度的联结，就是和对方的真实、对方的爱、对方的能量建立起了联结。荣耀感让你明白，这些内部和外部联结本质上是一回事。

带着荣耀感生活，就是遵循真实、爱与能量而行动。当你被荣耀感推动时，你采取行动，是因为你真正在乎——在乎自己不要碌碌无为地度过一生。你决定过一种以原则为核心的生活，明白遵循这些原则是你生命中应该做的事。这种状态让你感到正确，让你行动正确，这种状态本身就正确。这就是大脑和心灵和谐一致的状态，理性和感性和谐一致的状态。

当你与真实、爱、能量建立起深度联结时，你会感到想要付诸行动。联结越深，动力就越足。其中最强的动力之源是爱，但我们需要强大的勇气才能遵从爱的原则。

当你感到懒散没有动力的时候，最直接的原因，就是你与真实自我断开了联结，偏离了真实、爱与能量的原则。当你意识到自己处于这样的状态时，停一停，重新找回与真实自我的联结。想一想自己到底是谁，想一想是什么能够让你感到激励，想一想你生命中那些充满热情的时候——不是因为什么外在事物，而是因为你遵循了真实、爱与能量的基础原则。

向内看，问问自己：我遵从本心的道路到底在哪里？我现在做什么能够遵循那条道路？无论得出的答案是什么，召唤自己的勇气，马上开始行动。哪怕大声喊出来都可以，只要你觉得那样有用。无论如何，让自己行动起来。

怎样打造勇气

跟其他原则一样，勇气也会随着持续锻炼而增强，会因为缺乏锻炼而衰减。下面是一些练习方法，能够帮助你提升自身勇气，并在实践中产生积极结果。

本心之问

在你做每天的计划时，把待办事项列出来，或者在脑子思考接下来要做什么，这个时候问问自己：遵循本心的方向是什么？

这是个强有力的问题，能够帮你快速舍弃那些偏离自己本心的事情。

即使你坐在家里考虑晚上要做什么的时候，也可以问自己这个问题。体会一下，一些事情是多么地让你感到空虚，而另一些事情你却一想起来就充满热情。让内心帮你找到正确的选项。在英文里，单词"encouragement"（鼓励）中间有一个"courage"（勇气）——当我们找到遵循本心的道路时，我们就会感到备受鼓舞而采取行动。

也许相比看电视剧，你更想读几本激励自己的好书；相比玩游戏，你更想跟伴侣进行一次深度的交流，聊聊你们的未来；相比在工作中按部就班，你更想在事业上做出自己最大的贡献。询问自己的内心，这能够指引你走上清醒自主的成长道路。

当决定该写什么文章的时候，我就经常问自己这个问题。我经常收到很多读者反馈，自己又持续在做个人成长方面的各种尝试，所以我从来都不缺灵感。真正让我犯难的是：到底选哪个主题来写？因为有太多好主题可以选择。于是我就会停下来，问问自己：哪一个主题是我内心真正想要分享的？每当这个时候，答案通常会变得清晰起来——选择让我有一点点恐惧、不确定能不能写好的那个，选择搅动我内心、让我感到兴奋的那个。也有一些时候答案并不会在提问后浮现，那就说明在当下，遵从本心的道路需要我去做一些其他事情，而并非写作。

把本心之问贴在你每天能看到的地方，或者把这句话设成电脑桌面,这样你就可以经常提醒自己。无论何时你问出这个问题,往往都能更好地将理性和感性相结合,找到自己的答案。

渐进式训练

你也可以用第 3 章讲过的"渐进式训练",来逐步提升自己的勇气。你不必马上去面对自己最恐惧的事,而是可以先从解决最小的恐惧做起,逐步提升难度。

首先,选择一个你希望克服的恐惧。如果这对你来说难度还太大,没有关系。看看自己能不能找到当下可以完成的一小步,这一小步对你来说相对容易一点,但依然具备一定的挑战性。举个例子,比如你不敢主动跟一个陌生人交谈,那你的第一步就可以是从一个陌生人身边走过并对他微笑。如果这对你来说还是太难,那就再降低难度,比如尝试跟对方有 1 秒钟的眼神交流。

先从一小步开始训练自己,直到你感觉可以增加难度。其实并没有一个具体数字,要求你必须把每一步重复多少遍,但 5~10 次是一个比较合理的经验值。如果你练习跟陌生人进行眼神交流,请每次都保持 1 秒钟。一开始你可能会感觉有点紧张,但重复 10 次以后你往往就习惯了;然后,增加到 2 秒或者 3 秒;等习惯以后,你也许就可以练习微笑了,下次就尝试微笑并打声招呼。几周之内,你就能够走到陌生人面前开启一次谈话了。练习中的每一小步都是在帮你积累经验，让你慢慢从某个方面的菜鸟变成行家，但过程中又始终不会感到难度过大。

只要你愿意，可以把每一步切分得越小越好。先去面对小一点的挑战，让自己有足够的信心完成，并且想重复多少次就重复多少次，直到感觉可以进入下一步为止。你自己控制节奏。

通过这样的渐进式训练，你会有两个收获：首先，你不会再回到过去的行为习惯，一直逃避自己的恐惧；其次，你会在未来的生活中变得更有勇气。随着你的勇气持续提升，恐惧也就相应地慢慢消失。

学习

人们最深的那些恐惧中，很典型的一个是：对未知的恐惧。解决这个恐惧的一个好办法，就是获得新的认知。直面恐惧是有用的，但如果你的恐惧主要来自无知、来自缺少经历，那有效的解决办法就是去学习。

假设你很害怕离开老家、搬到一个新城市，虽然你其实很想做这样的尝试。你犹豫不决的最主要原因，可能就是对陌生城市不了解，你不知道那里是什么样子。那么，你完全可以浏览相关网站，联系那个城市的朋友，去短暂旅行一次……通过这些方法去获得自己想要的信息，而这些信息能让你更有勇气也更明智地做出选择。

一个让人吃惊的真相是，我们在人生中会拒绝很多好机会，仅仅是因为自己对那个未知的领域不够了解。在这样一个信息时代，"我不了解"根本不是一个说得通的理由。你需要的所有信息都能从网上、从书里或者从他人那里获取。在生活中的某个领域，如果只是无知在阻碍你前进，那就行动起来，去学习。

先答应再说

提升勇气的一个简单方法是：有些事情真正做起来需要付出很多努力，但用一秒钟"答应"一声，这并不需要耗费多少勇气。那就先答应了再说。

如果你做出了公开承诺，往往就倾向于努力完成。持续做出新承诺，可以让你避免在现有状态下沾沾自喜，帮你建立起真正的勇气。

我在刚加入头马演讲协会的时候，决定参加其中的幽默演讲比赛。我之前从来没参加过任何演讲比赛，但当大家问我想不想参加时，我并不需要多大勇气来说出一句："行，我参加。"然而当比赛日真正临近的时候，我开始犯难了——我当初怎么答应了这么个事呢？但没办法，我已经答应了，所以只能尽全力去做好。

为比赛做准备的过程是辛苦的，但我也从中获得了很多乐趣，而且比赛也倒逼着我快速进步，在短时间里达到了很多人半年或者一年才能达到的水平。比赛结束之后，我变成了一个远比以前更加自信、更有勇气的演讲者。我很肯定，如果当初没有鼓起勇气参加那次比赛，那我一定不会成为今天这样一个游刃有余的演讲者。所有这些后来的行动，其实最开始只需要我说出那一句："行，我参加。"

别再逃避你心中的恐惧了，下定决心去面对它们。⊖如果你害怕公开演讲，那就宣布进行一场演讲；如果你恐高，就尝试一个攀岩课程；如果你怕水，就报一个游泳课。请记住：你害怕的东西，正是你迟早必须面对的东西，包括死亡。

———

勇气是一种选择。做一个有勇气的人，意味着召唤你内心最深处的能量，直面自己的恐惧。当你遵从真实、爱与能量的原则而生活，恐惧就会慢慢消退。真实原则让你看穿恐惧的幻象，从而掌握对人生的主导权；爱推动你深化生命中的联结，最终达到不再恐惧的一体状态；能量则让你拥有力量，去抵御恐惧，去做出行动，并在行动的过程中一步一步打造自己的勇气。

无论看起来多么困难，都请选择清醒自主地直面恐惧。别在垂垂老矣的时候回头看，发现自己未曾有过任何精彩的冒险，从来都没有活出本该有的样子。在这一生中，你可能会破产，可能会经历失败，可能会遭受拒绝，可能会经历残缺的感情关系，这些都是勇者人生中的垫脚石罢了。每一次挫折都可

⊖ 此处仅代表作者个人观点。如果你是未成年人，或者你是一个有比较严重恐惧症的人，请先咨询心理老师或心理医生。——编辑注

以变成你的一段胜利，在你的人生中留下快乐和成就。如果真的感到恐惧，那就尽管感到恐惧；但是，记得召唤内心的勇气，去追逐自己真正想要的东西。这才是我们一生中最坚不可摧的力量。

目前为止，我们已经探讨了个人成长的六条原则。接下来，我们将了解最后一条原则——将所有原则合而为一。

第 7 章

Personal Development for Smart People

清醒自主

生活抛给我们的诸多难题,都能经由智慧解决。

——提图斯·李维

真实、爱与能量三条基础原则组合在一起,就得出个人成长的最高原则,也就是第七条原则:清醒自主。

这条原则包含了前面我们讲过的所有原则,它们最终形成一个整体。当我们把真实、爱与能量融合在一起,就真正达到了清醒自主的成长状态。

真实是清醒自主的一部分。通过接纳现实真相,放下无知、虚伪和否认,我们就为终身成长创造出了有利条件。我们探索外部现实,持续做出预测、判断,并根据结果反复修正心智地图,最终提升了对这个世界认知的准确性。在这个过程中,我们也得以更好地认识自己。随着不断获得对世界新的认知,我们逐渐走向更高水平的自我认知。如果脱离真实原则,就不存在清醒自主的个人成长。

爱是清醒自主的一部分。我们不可能在真空中成长,我们一定是在与内在自我、外在他人不断建立新联结的过程中获得成长的。通过彼此相处与协同,我们才能建立更深层次的联结,最终提升自己的认知、行为和创造力。如果脱离爱原则,就不存在清醒自主的个人成长。

能量是清醒自主的一部分。我们生而为人,天然就是极富创造性的生命,我们拥有自由去充分地表达自我。通过放弃懒散、胆怯和懦弱,我们变得有能力运用自己的能量、为自己的人生全权负责,而不是活在对伟大自我的恐惧中。通过自律、专注的行动,我们创造自己的人生,活出真实的自我。如果脱离能量原则,就不存在清醒自主的个人成长。

清醒自主是我们生而为人最强有力的自我表达，正是清醒自主的意识，定义了我们作为人的存在。这是我们最强大的力量、最坚定的盟友，以及最高贵的追求。失去清醒自主的意识，我们就什么都不是了。我们将变成一具行尸走肉，没有内在，也没有目标。只有运用清醒自主的意识，我们才能主动为自己的生命赋予意义——一种我们自主选择的意义。

结合前面说过的通用性标准，我给清醒自主下了一个简洁的定义：**清醒自主，就是真实、爱与能量原则相结合的生命状态**。如果想在生活中的每个领域做一个真正清醒自主的人，你需要遵循真实、爱与能量的基本原则。如果你用这些原则来指导自己的生活，你将会获得清醒自主的人生；如果你违背这些原则而生活，则会获得完全相反的人生。

花一点点时间，思考一下关于清醒自主的定义。从理性层面和感性层面，你认为说得通吗？当你回看过往自己做过的最清醒自主的选择，是否能发现，自己其实遵循了真实、爱与能量的原则？当你回看自己做过最后悔的事情，是否能找到，当初是缺失了这些原则的哪一部分？

清醒自主又具备五种品质：真实性、创造性的自我表达、成长、流动、美。

真　实　性

真实性指的是，你能够保持内外一致地表达自我。你外在表现出的样子，就是你内在真实的样子。无论你是跟亲密的朋友，还是跟一个刚认识的人交流，都一样。

当人们说"做你自己"的时候，他们其实就是在强调这种真实性。你能够坚持真实地交流，意味着你始终能说出自己真正所想，而不故意隐瞒什么。这样做的好处是，别人因此能够对你有准确的了解，由此和你建立足够坦诚而有爱的联结。真实的交流赋予我们彼此力量。

当你和别人相处时，不要夸大自我，也不要贬低自我，尽量展现最真实的自己。你的坦诚并不一定总能被人理解，请允许别人选择他们要做出的反应，这是他们的自由。但是，你不必伪装成另一个自己，让他们看到一个不真实的你。如果你尝试歪曲真实的想法，为的是让别人听到你以为他们想听的东西，你就是在偏离真实的自我；实际上，你也自以为是地替他人做了决定。否认自身的能量，本质上是对所有人的损害。最好的选择，是保持全然坦诚，并且接受别人有做出他们反应的自由。你并不是必须赞同他们的反应，尽管随他们去。

曾经在很多年里我都相信，与他人相处的最好方式，就是根据他们的能量水平而做出反应。如果一个人比较低能量，我就会刻意弱化自己的成就或者干脆将其隐藏起来，因为我不想让对方感到不舒服。如果一个人比较傲慢自大，我就相应表现得强势，以赢得他们的认可。我用这种方式交朋友也不是不可以，但问题是：本质上，这些是根植于虚伪基础之上的友谊。为了维持这种友谊，我变得越来越脱离真实自我。

最终我意识到，自己更愿意拥有哪怕很少但完全坦诚的朋友，而不愿拥有一大堆戴着虚伪面具的友谊。于是，后来我在与人交往的时候，就尽最大可能做真实的自己。我决定了一件事：不再担心别人的反应。

　　刚开始，这种做法的效果好像适得其反。在面对一些比较低能量的朋友时，我也选择了完全自由地表达自我，但显然是把他们吓到了——这些人后来都离开了我；同时，那些比较傲慢自大的朋友也离开了，因为他们感觉我不再跟他们处于一个水平。最后，我倒是希望能留下一些处于"中间水平"的朋友，但实际上也没剩下什么。于是在一段时间里，我的社交圈持续萎缩。但后来，一些有意思的事情开始发生了。

　　随着越来越多新朋友进入我的生活、开始了解我，我发现他们和我相处的方式跟以前的朋友完全不同。最明显的变化就是，这些新的友谊是基于真正的彼此尊重。我始终保持真实自我，也会谨慎选择与什么样的人建立友谊。于是，我去寻找那些真正具备清醒自主意识、追求成长的朋友，而不是一些自以为是或者内心冷漠的人；我能够比以前更快地与人建立强联结，我也深深感激这些充满激励、彼此有爱的友谊。很快我就确定了一件事：保持完全真实，这是一个非常正确的选择。苦苦维持那些阻碍我们表现真实自我的友谊，实际上没有任何意义。

　　保持真实并不是要保持完美，而是尽最大可能，像一个完全真实的人那样去进行交流。有些时候，真实意味着我们要揭开自己的伤疤,但这才是真正意义上的自我接纳。我们与他人的交流,不再源于恐惧和虚伪;我们能够清醒地选择遵循真实、爱与能量的原则。

创造性的自我表达

在清醒自主的个人成长道路上,我们需要自主地、创造性地表达自我。这远比金钱和地位更重要,金钱和地位并不能弥补成长的匮乏。

通过发挥自身创造性,你能够达成自己想实现的目标,包括丰厚的财富、充分发展的才能、令人满意的感情关系,以及对这个世界有意义的贡献,等等。当你能够创造性地向外部世界表达真实自我,你就更容易获得自己想要的生活。

自我表达包含两个要素:**载体和信息。**

载体指的是,你向外部世界表达自我的方式。比如我的表达方式就是写作、发博客以及公开演讲,这些都是我使用的载体。而信息指的是,在你心中最想向这个世界表达的东西。我想要向人们传递的信息,就是清醒自主的个人成长理念,其中既包括你正在读的这本书,也包括你在我网站上读到的文章。

真正遵循真实、爱与能量的基础原则,你将能够做到两件事:

首先,你能找到自己人生中最重要的那些信息。你能看清什么是对自己最重要的,同时,爱将驱使你把这些信息分享给整个世界。

其次,你能够积累自己的能量,去创造适合自己信息传递的载体。你能够付出必要的努力,去学习写作、演讲、表演、舞蹈、建筑……最终通过擅长的方式,向这个世界传递自己的信息。

当我们创造性地表达自我时,我们完全坦诚地分享对自己来说最重要的东西。这种分享让我们与他人建立起联结,同时也让他们获得了对这个世界的更多认知。当我们欣赏他人创造性的作品时,比如一首诗、一幅画,我们总是能看到作品背后折射出的真实、爱与能量。

你是谁?你想向这个世界分享些什么?通过自己的创造,你是否能让这个世界多一点真实?多一点爱?多一点能量?你是否能让这个世界多一点关怀?多一点支持?多一点秩序?多一点慷慨?多一点效率?多一点真诚?多一点创造?多一点快乐?

你创造这些的最佳方式是什么?做美食?设计衣服?给人们上课?为他人带来激励?为他人带来娱乐?给他人提供支持?推动他人前进?做他人的向导?

你是自己人生的主导者,你想做出怎样的选择?

成　　长

清醒自主的个人成长,最有趣的一点是:它是自我循环增强的。

或许我们能做出的最有智慧的选择,就是变得越来越有智慧——成长就是实现这一目标的方法。**成长是一种清醒自主的人生选择**。

随着更好地遵循真实原则,你获得了对于世界的更多真实认知;随着更好地遵循爱原则,你增强了与世界的联结;随着更好地遵循能量原则,你变成了更有能量的人。因为清醒自主是这三大原则的组合,于是你将看到,随着不断将这些原则融入生活,自己最终将变成一个更加清醒自主的人。这就是你的个人成长之路。

成长的道路很少会一帆风顺,所以这一路上你会遇到各种各样的岔口和阻碍。但只要你始终努力遵循这些重要的原则,最终一定会看到自己的成长。每一个明天,你都会是一个全新的自己。

在19岁时,我决定把"个人成长"作为自己生命中的指引力量。最开始的时候,这只是我在毫无希望的处境中找到的一根救命稻草,那时我完全不知道这个选择会把自己带向何方。那时我只是意识到:没有什么痛苦是永远无法改变的;只要给我足够的时间,我一定能够持续成长,最终走出困境。直到很多年后,我才领会了真实、爱与能量这些重要的原则;但最初那个时候,就是通过持续专注于个人成长,我才扭转了自己的生活。

我在重返大学后选择修三倍于普通学生的课程,用三个学期获得了两个专业学位,并最终顺利毕业。几个月之后,我和女朋友创建了自己的公司，而她后来也成了我的妻子。再后来，我还遇到了很多困难，但我最终把握住了自己人生的主导权，而不是变成了一个不自知的、被欲望和社会教条胁迫的奴隶。在面对人生中所有困难的时候，选择成长始终是我的解药。

专注于个人成长，这看起来似乎是一个"自私"的行为；但实际上，这是你存在于这个世界上能做的最不自私的事情之一。遵循真实、爱与能量的原则，在你不断精进自我的过程中，你其实也提高了自己为这个世界做出贡献的能力。你越能够清醒自主地生活，就越有能力让这个世界变得更好。如果你还没有发现这一点，那么当你成长到某一个阶段时终究会明白：在你自己不断成长的时候，也会激励他人去获得成长，而这些人又会进一步影响更多的人。最终，你的积极成长就像不断向外延伸的涟漪，影响到这世上的每一个人。在你成长的时候，也就同时推动了所有人的成长。一个小细胞变得更好，整个躯体也就在变得更好。

如果你读完这本书把大部分内容都忘了，只记住一条建议，我希望是——在这短暂的一生中，你能做出的最清醒自主的选择，就是保持成长。

流　　动

有了真实、爱与能量这些基础原则的支持，你会拥有一种自然流动的生命状态，而不是每天都在挣扎的状态。自然流动不是说人生变得随波逐流、不再努力；自然流动的意思是，你的努力都能够用在正确的地方，最终产生你真正想要的结果。首先，你设定的目标是基于真实原则的，所以目标本身是可靠的；其次，爱与联结为你提供内在动力，驱动你持续前进；最后，你的行动足够专注，于是能够富有成效。

流动不是一种被动的状态。流动不是说你什么都不在意，像一艘小船一样被水流随意影响，这不是清醒自主的状态。如果你那样活着，最终就会被河流冲进海里。自然界中的动物都需要在必要的时候努力，否则就无法生存；你自己身上的每一个小细胞也在努力运转，即使你睡着时也不停止，于是你才能维持生命。流动就是一种行动的状态。

你来到这个世界上，不是为了否认自己真正想要的东西，不是为了安于没有目标和信念的生活。流动的状态，源于追求目标过程中清醒自主的意识与行动。学会满足自己真实的欲望、追求自己真正想实现的目标，别假装成无所谓的样子。

真实、爱与能量，这些都是极具实用性的原则。当它们良好结合在一起时，最终会给我们的生活带来显著的提升。正是这些通用的基础原则，推动了人类各种各样的成就。比如，人类第一次登上月球——首先，要有必要的知识，也就是对现实真相的认知，这就是真实原则；其次，参与其中的人们需要对这份事业有足够的热情，这就是爱原则；最后，通过专注而自律的协同行动，任务得以完成，这是能量原则。缺少了任何一条原则，事情都不可能做成。你可以重新审视一下人类的重要成就或者你自己过往的重要成就，你会发现，背后都有真实、爱与能量三条基础原则的支持。

当你保持（真实而非虚假的）流动的生命状态时，那种感觉就像有能量在身体中流动，这种能量给你爱的支持，驱动你向前走。向着有意义的目标一点一点前进，你知道自己走在正确的道路上，对此毫不怀疑。真正激励你的不是某个具体目标，而是能够持续地、创造性地向这个世界表达自我；你会爱上追求的过程本身，而不是某个具体结果。

清醒自主人生的一个副产品，就是一种以自我为中心的平静感。这种平静并不是你从此不再有消极情绪，**而是在内心深处，你知道自己正在做最好的自己**。知道自己走在正确的道路上，这会拂去你的怀疑、焦虑和压力；取而代之的，是内在的平静。

本质上，真实、爱与能量，这就是你真正需要遵守的全部原则，你不需要根据一套多么复杂的规则、条例或者价值体系去生活。遵循这三条基础原则，能够极大简化你的生活，帮你摆脱过去那些社会教条的胁迫——它们曾经影响了你的生活，但现在已经不再适用。为了拥有真正清醒自主的人生，你需要控制好自己这艘船的航向，遵循原则而前进。你越好地遵循这些原则，就越能够保持清醒自主，也就越能够找到内在和外在的平和。

走在以原则为核心的成长道路上，内心的平静会自然显现。你不需要达到什么外部结果才能得到平静，你需要做的，只是保持走在正确的方向上。想象自己开车回家的情形：你已经开车回家无数次了，所以这件事的结果是确定性的；你知道自己只要朝正确的方向走，最终就会到达目的地。以原则为核心的生活就是类似的感觉：**你心里知道，到达目的地基本上是一件确定的事；正因此，享受途中的风景就变得格外重要，而不再过度关注最终的结果。**

美

我们很自然地能感觉到，清醒自主是一种美的生命状态。当你看到真实、爱与能量在人生中产生奇妙的反应，你甚至会把这种生活看作一种充满灵性的体验。这种感觉就像是发现了一种新的数学定理一样。你会突然意识到，这些原则的作用随处可见，正是这些原则构成了我们的现实世界。

你看到一个物体掉在地上，但可能并不懂物理学定理；你把电池放进一个玩具车里，但可能并不懂电力原理；你养一只宠物，但可能并不懂生物学。无论你是否意识到背后的这些原理，它们都始终在运行着。同样的道理，当你成功完成了一个自己设定的目标，与某人坠入爱河，或者学会一项新技能，其实就是遵循了个人成长背后真实、爱与能量的原则，只不过你可能并没有意识到。

在混乱的现实表象背后，我们能找到很多潜在的运行规律。当你知道了这些规律之后，生活将变得格外迷人。很多不同的表象背后，可能就是几条简单的基本原则。真实、爱与能量，这些都不是什么复杂的概念。很可能在读本书之前，你就已经根据直觉意识到了这些原则；当然，希望我帮你把原本的理解加深了一些。乍一眼看上去，你可能觉得这些原则都是基本常识，但你也许不知道的是，它们能够衍生出如此丰富的内容，并以如此简捷的方式相互作用。

如果扔出去一个苹果，它会掉在地上，这是人人都有的常识。但真正有意思的是，你知道它为什么会掉在地上，以及以什么样的方式掉在地上。**一旦你知道了背后这些原理，一个物体落地就不再是一件稀松平常的事，而变成了一种美。与此类似，当你拥有了真实、爱与能量的视角，就会发现：个人成长道路上的诸多挑战，也同样有一种美感蕴含其中。**

请注意，每一条原则都能指导思维和行动两个方面。你可以拥有更精准的思维，同时说出更精准的语言；可以拥有更富有爱的思维，同时把爱向外表达；可以拥有更专注的内心，同时更自律地行动。每一条原则既有内在的一面，也有外在的一面；原则能应用于你自己的思考，也能应用于你对外的行动。

请学会通过真实、爱与能量的视角去看待现实，然后从自己的生活开始践行。看看这些原则会怎样影响你的职业发展、身体健康、感情关系，等等；看看如果偏离真实原则会带来什么问题，偏离爱原则会让自己感到多么孤立，偏离能量原则会让自己变成怎样的无助者和受害者；看看通过遵循这些重要的原则，生活会变得比以前简单多少，你又会感到比以前快乐多少。运用这些原则，让你的生活变成一种美。

怎样清醒自主地生活

清醒自主的成长，是觉察、思考和行动综合形成的结果。如果想拥有清醒自主的行为，就要在这个过程中的每一步遵循成长的基本原则：真实、爱与能量。

想要保持清醒自主的成长状态，首先，你要明白自己是一个清醒自主的人，这就是对自我的认知；其次，你要能够与内在自我的不同面、与他人、与外部世界建立积极的联结，从中获得新的洞见；最后，你必须付出行动，去探索，去体验，去分享。这些通常都是同步发生的，如果能主动去践行这些原则，你将会受益匪浅。

下面是一些方法，可以帮你更好地运用真实、爱与能量的基础原则，拥有真正清醒自主的人生。

清醒意识评估

获得清醒自主状态的最直接方式，也许就是评估当前你在七条原则上的现状。在心里问出下面这些问题，你的评估对象可以是自己的整体生活，但挑出某一个具体方面可能会显得更清楚，比如健康、职业或者感情关系。你可以把答案写在自己的日记里，或者干脆大声说出来。

1. 真实

- 我是在真诚地面对自己和他人吗?或者,我感到不得不对一些事情说谎?
- 如果我保持现在的习惯不变,预计未来会变成什么样子?
- 我做出的预测是合理的、准确的吗?或者,自己过于乐观或过于悲观了?
- 我能够完全接纳自己当前的现实真相吗?或者,我是活在否认中?
- 我接下来想要学习什么,以及学习它的最好方式是什么?
- 我现在能做什么,从而让自己变成一个更加真实的人?

2. 爱

- 我是否曾花时间与自己、与他人建立联结?或者,我感到与世界切断了联结,感到孤独?
- 在与人交流的时候,我是在表达真实自我吗?或者,我只是戴着一副虚假面具?
- 我是否无条件地接纳和爱自己,并且无条件地接纳和爱别人?
- 我有没有在寻找能与自己兼容同频的新关系?
- 我能做些什么,以提升自己的社交技能?

- 我能做些什么，让自己变成一个更有爱的人？

3. **能量**

- 我是否完全接纳，为自己人生中的所有结果全权负责？
- 什么是我真正想要的？我愿意付出什么努力去得到它？
- 我是在专注于对自己真正重要的事情吗？或者，我正在偏离正轨？
- 我是否在投入应有的时间，做应该做的事？
- 我如何能持续加强自律？
- 当下我能做什么，让自己变成一个更有能量的人？

4. **一体**

- 我是否明白，世上的所有人其实都彼此联结，就像同一个大躯体中的小细胞？
- 我是否有足够的同理心，能感受到他人的喜悦和悲伤？
- 我是否在带着同情与他人相处？我是否在公平地与人相处？
- 我是否在为这个世界做出有意义的贡献？
- 我是否在带着一体的视角思考和行动？
- 当下我能做什么，让自己更好地体会到与世界的一体性？

5. 主导

- 我掌握着自己人生的指挥权吗？或者，我只是盲目地跟随他人？
- 我付出的行动是有效的吗？能产生我想要的结果吗？
- 在困难和挫折面前，我能坚持不懈吗？或者，我总是很容易就放弃了？
- 我是否足够自信，知道自己能完成定下的目标？
- 我怎样才能把时间花在真正重要的事情上，而不是浪费在琐碎小事中？
- 当下我能做什么，以增强对自己人生的主导权？

6. 勇气

- 我是在充满勇气地活着吗？或者，我只是屈服于恐惧、胆怯和懦弱？
- 遵从本心的道路在哪里？我能够做什么，从而遵循本心的方向？
- 我能够主动发起行动吗？或者，我总是习惯于被动等待？
- 我是充满勇气地直接做事吗？或者，我总是采取更缓慢的、拐弯抹角的方式？
- 我怎样才能训练自己，克服内心恐惧？
- 当下我能做什么，以锻炼自己的勇气？

7. 清醒自主
- 我是否在遵循真实、爱与能量的原则而生活？
- 我与其他人的交往是完全真实的吗？或者充满虚伪？
- 我是否找到了自己想要传递的信息？是否找到了适合自己的载体，去完成创造性的自我表达？
- 我是否享受清醒自主行动所带来的流动状态？
- 今天我能做些什么让自己变得更好？
- 当下我能做什么，从而向这个世界表达清醒自主的自我？

这些问题能帮助你进行评估，看看自己距离以原则为中心的生活还有多少差距。如果其中很多答案是消极的，别灰心。尽管接纳自己当前所处的真实状态，在这个基础上思考下一步能做些什么。

七维度成长

有一种方法可以快速提升你对所有原则的运用，这种方法就是七维度成长。概念本身很简单，你可以自己控制具体执行的难度。你把挑战难度定得越高，失败的风险就越大，而一旦成功收获也就更大。

具体做法是：对于个人成长的每一条原则，设定一个具体目标，在每个方面都取得改进。原则和原则是会相互强化的，所以某一方面产生小的改进，会同步提升其他的各个方面。举个例子，如果你的思维准确性变得更高（真实原则），那么行动的有效性也会随之提高（能量原则）。

关于怎样为每个方面设定成长目标，下面有一些建议。每条原则你只需要设定一个目标。当然，如果你足够自信，也可以设定多重目标。

1. 真实

- 承认自己一直隐瞒的一个谎言或者秘密。（简单版本：在网上向一个陌生人坦白；有难度版本：向你撒谎的对象坦白。）
- 写下你最真实的预测——五年之后，自己的生活会是什么样子？然后，让别人做一个关于你的预测，对比你们的答案。
- 阅读一本对你来说是完全陌生领域的书。
- 邀请一个具备清醒自主意识的朋友，选择一个主题（在这个主题上，你怀疑自己可能持有一些错误认知），然后双方进行辩论。
- 尝试一次 30 天的媒体戒断。

2. 爱

- 与某个人建立联结，为他/她手写一张卡片或者一封信，电子邮件不算。
- 尝试跟一个陌生人展开交谈，并试着了解什么是对他/她来说最重要的东西。

- 采用一种有创意的方法，跟一个人表达"我爱你"或者"我关心你"，且这个人以前从来没听你说过这些。
- 给某个人一份礼物惊喜，让他/她意识到来自你的欣赏。
- 邀请一个从没来过你家的人，一起吃顿晚餐。

3. 能量

- 列一个清单，写出生活各个方面的目标。可以参考本书第二部分里的那些划分。
- 留出 1 小时的时间，投入到对你来说最重要的一件事中，在时间用完之前拒绝做任何其他事。一个有难度的版本：把这个时间延长到 3 小时，甚至 4 小时。
- 写下你一直想做、如果真做的话可以在一天之内完成的事情，然后直接去做。
- 为第二天制定一份完整计划表，从早上醒来到晚上睡觉。在这一天结束的时候，给自己打分（最低 1 分，最高 10 分），看看计划完成得如何。下次做这个尝试的时候，努力做到至少比这次高出 1 分。
- 跟他人玩一个竞争性的游戏，跟对方打赌你能赢；请选一个比金钱更有意思的赌注。

4. 一体

- 向一个陌生人做出一个友善举动。

- 在网上公开分享自己的一段痛苦过往，让别人能从你的经历中获得启发。
- 找出你生活中的某个方面，在这个方面你没有公平地对待他人。马上采取行动，改变这种状态。
- 花上几小时，独自在大自然中行走。让自己的心绪平静下来，尽最大可能把注意力放在自己的觉知上。
- 跟一个其他国家的人通过邮件交流，看看你们有什么共同之处。

5. 主导

- 主动取消一个你知道已经不再适合自己的活动。
- 主动担任一个团体项目的主导者，把任务分配给其他人，并最终完成任务。
- 执行一个你早就想尝试的个人成长试验，比如新的饮食习惯、新的睡眠习惯或者与人交往的新方法。
- 找一天时间，穿一套可能除了你没有其他人喜欢的衣服。
- 把你擅长的一件事教给某个人。

6. 勇气

- 向一个最近拒绝过你的人提出一个新请求。
- 找出一个你知道很有价值但自己一直害怕追求的机会，直接去尝试。

- 走上前去,告诉一个人你希望从他/她这里获得什么,不要有任何含混不清的表达。
- 提前承诺一件事,这件事让你必须面对过去的某一个恐惧。
- 就在今天,尝试一件自己感到恐惧的事。

7. 清醒自主

- 给一位朋友打电话,在整个过程中做到最大可能的坦诚。
- 拿一张纸,写下对真实自我的描述。
- 找出一个最近遇到的困难,想一个创造性的方案来尝试解决。
- 参观一个博物馆,在那些精美的展品中,寻找真实、爱与能量的表达。
- 头脑风暴出 20 个改善自己生活的新点子。

七维度成长能帮你获得比较全面的提升,因为你需要对每一条原则都有所投入。你会发现,一些原则对你来说很简单,而另一些则相对更难。你可以控制自己的节奏,但通常来说,一周是完成一轮练习的合理周期——每天一个行动,七天覆盖七条原则。如果你想挑战高难度,也可以在一天之内尝试七条原则的改进。你也可以跟一个伙伴或者几个人一起进行这项练习,这样就能够彼此激励。

清醒自主小宇宙

这项练习不再是提升你生活中原本存在的部分;相反,是让你创建一个新的行为,从中你可以在一开始就尽最大可能遵循真实、爱与能量的原则。不再试图解决老问题,你在这里的目标,是从一开始就杜绝不遵循原则的问题出现。

想象你遇到一个人,对方原本不认识你,于是你们之间没有任何过往的包袱。所以从第一天开始,你可以用正确的方式发展这段关系。你可以做到最大程度的开放和坦诚;可以抛开肤浅的谈话,去深度交流你真正在乎的东西;可以主动发起行动,邀请对方跟你参加有趣的活动。用这样的方式交往,看看你们能在多长时间里建立起真实的信赖关系。

每当你尝试一个新的爱好,参与一个新的活动……都可以用这个方法。举个例子,比如你想学习园艺,那就阅读书籍,让自己获得崭新知识;主动与园艺俱乐部、园艺网站上的人们建立联结;付诸行动,在自己的小院子开始种植。

无论何时你把一个新的模块加入自己的生活,把这个模块看作一个全新的独立小宇宙,在这个小宇宙里让自己遵循真实、爱与能量的原则——哪怕你生活中的其他部分都是一团糟,也没有关系。

不要追求完美。当犯下错误时,原谅自己,继续前行。从接下来的第一步开始做最好的自己,这就足够了。清醒自主的小宇宙会变成一个动力模块,推动你生活的其他部分也逐渐向个人成长的原则靠拢。

———

真实、爱与能量，这些原则构成了清醒自主成长的核心。我们越好地遵循这些原则，就越能达到更高水平的清醒自主。这种成长不是某种偶然的产物，而是我们持续做出自主选择的结果。我们在真实、爱与能量原则上前进的每一步，都是为了走向更加清醒自主的人生。

目前为止，我们已经介绍了个人成长的全部七条原则。这些原则有点抽象，读到这里你也许还是有很多困惑，不知道该怎样将它们应用于现实世界。别急，在接下来的第二部分，你将会学到如何把这些原则应用于生活的方方面面，最终产生看得见的改变。

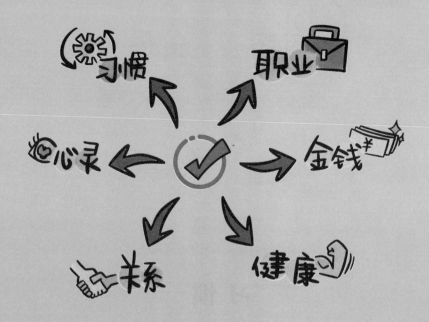

第二部分

实践应用

Personal Development for Smart People

第 8 章

Personal Development for Smart People

习 惯

好习惯可以让潜意识自动接管较低层级的欲望，于是我们才能把注意力释放出来，去探索生活的更多可能。

——拉尔夫·W. 索克曼

在生命中的任何一个时刻，你都拥有自由，可以清醒自主地选择如何度过自己的时间。你可以完全专注于当下，对在做的每一件事保持全然觉知，进而高度自主地行动。试着举起自己的双手，看看它们，摆动自己的胳膊，移动自己的手指，清醒自主地让肌肉按你想要的方式运动。请明白一个真相：你的身体被你的意识所控制。

在人生中的一些特殊时期，这对你来说确实无法实现。比如你还是个婴儿时，你的胳膊会随便乱摆，你没法控制它们。实际上，你甚至都不知道胳膊是什么。但是，只要你最终学会控制自己的身体，之后就可以长久地运用这项能力了。

习惯是一种自动储存的解决方案。每当你学会解决一个问题，这个解决方案就会被大脑自动储存，而之后每次使用都会再次强化这个习惯。开车、吃饭、阅读，这些都是你自动储存的习惯。当初你花了很多时间去学习这些技能，但如今这些都变成了你的固有习惯，不需要每次重新再学了。

习惯也是大脑进行时间管理的工具。如果你需要不断思考每分每秒怎么度过，那就太低效了。你的清醒意识需要用在更重要的事情上，而不是一遍又一遍处理相同的琐事。于是，大脑就把遇到过的问题交给潜意识去处理，只需要选择之前储存的解决方案就可以了。

只有把一些问题交给潜意识去处理，你的清醒意识才能被释放出来，从而专注于更高级别的事情。比如，我在青少年时期学会了打字，所以现在不用再调动清醒意识去指挥手指头了。潜意识早就储存了这项能力,而这项能力也已经被强化了无数次。我每周都会敲几千个字,所以潜意识已经知道该怎样把我思考的东西敲出来。于是,我才能把清醒意识用在更复杂的思考上,而潜意识负责把这些思考打成具体文字。如果没有掌握打字这种重要的习惯,我就不可能高效地分享自己的文章。

遗憾的是,我们天生的习惯形成能力有一些显著缺陷。有时候,潜意识无法高效、准确地储存习惯,或者会储存错误的习惯。比如,根据过往习惯,你的潜意识可能把吸烟当作了缓解压力的好办法,或者认为抱怨是吸引他人注意力的最好方式。然而,如果你选择遵循真实、爱与能量的原则,就必须摒弃那些有严重消极影响的习惯,并用好习惯加以替换。

在这一章,你将清醒自主地评估自己的现有习惯,找出想建立的新习惯,并且掌握实用方法,实现永久的转变。当然了,这并不容易。即使你知道该做什么,也知道该怎么做,改变固有习惯也绝非易事。接下来,我会分享详细的方法,为你的改变提供助力。但是,最终成功还是失败,取决于你能在多大程度上遵循成长的基本原则。

习惯与真实原则

为了把真实原则带入你的习惯,请先花一点时间,对自己现有的习惯进行一次评估。你最好的习惯是什么?最坏的习惯呢？你有什么成瘾习惯吗？这些习惯对你有好处，还是拖你的后腿？这些习惯有助于你遵循真实原则吗？或者，你感到只是在自欺欺人？哪些习惯是你偷偷隐藏起来的？哪些习惯是你最感到骄傲的？

拿出一张纸，进行头脑风暴，写出两个清单：一个是你的好习惯清单，另一个是坏习惯清单。你怎么判断一个习惯是好还是坏？答案是：运用你的预测能力。想象一下，如果保持这个习惯，长期会给你带来怎样的影响？这个习惯能给你带来什么好处？会让你付出什么代价？长期结果看起来怎么样？如果你只要打个响指就能立刻改变这个习惯，你会这么做吗？请对自己保持高度坦诚。如果你看到了一些让自己难受的真相，请先学会接纳这些真相，哪怕你暂时感到无力改变。

然后，继续头脑风暴，写出第三个清单：所有你想要建立的新习惯。哪些新习惯会让你的生活变得更好？你想早起、吃素食或者坚持每天锻炼吗？如果你不再看电视、报纸，不再漫无目的地刷手机，生活会有怎样的改变？如果你每天只看一次邮箱，用省下来的时间去培养一个新爱好，会发生什么？有什么新习惯是你特别想建立的——但凡有可能实现，你就愿意去做？如果你现在成功地建立起这些新习惯，十年以后你的生活会变成什么样子？

最后，再次审视这三个清单，问问自己：我是否愿意接受自己现在的生活习惯，以及随之而来的长期结果？我是愿意接受自己现在能看到的未来，还是愿意做出改变、拥有更好的结果？对我来说，现状已经足够好了吗？或者，我还能做得更好？

把真实原则带入习惯，这是非常重要的一步。然而，如果你不真正付诸行动，就不会有任何改变发生。你需要接纳一个事实：如果你不主动改变自己的习惯，那就只会不断强化现有的习惯，而你预测的对应未来就会变成现实。如果你希望有更好的结果，就需要尽最大努力改变当前的行为，即便你明白这个过程会极其艰难。直面短期的艰难挑战，远远好过未来几十年的长久遗憾。

习惯与爱原则

人们在改变旧习惯的时候，最常犯的一个错误，是认为自己只能独自地、悄悄地应对挑战。然而，这是错误的。爱原则提醒你的就是：请发挥自己向外联结的能力。去争取外部支持，从而提高成功概率。不要让所谓的"自尊"变成阻碍，尽管去获得帮助。

事实上，你想尝试的任何改变，大概率都已经有人完成过了。与其自己吃一堆苦头、从零开始摸索，不如直接学习别人的经验。对于你想完成的目标，找到那些已经完成了的人，以他们为榜样。向他们寻求建议，甚至请他们做你的老师。去读相关主题的好书，把学到的东西用起来。向朋友和家人寻求支持和帮助。甚至还可以花钱请教练，帮你完成转变。

不要觉得寻求帮助是给别人添麻烦。他们永远都可以选择拒绝，或者要求一个合理的回报。然而最常见的情况是，他们很愿意无偿地帮助你。对他们来说只是付出了一点时间，但对你来说，很可能就因此少走了几个月的弯路。当人们知道你真的会把建议付诸实践时，他们往往会格外愿意帮你。

你还可以更进一步，发挥人与人之间协同的力量。考虑加入一个团体，里面都是同频的朋友，有着相同的目标，大家最好可以至少每周见上一面。所有人朝着相同的目标努力，而其中一些人已经在这条路上走得很远了，于是你可以向他们学习。当你加入这样的团体，与原本陌生的人建立联结，你会被那种人与人之间的支持和鼓舞深深地影响。

如果没有外部帮助，一些严重的成瘾习惯是很难被改变的。最好的解决办法之一，就是找到那些已经克服了相同问题的人，让他们帮助你完成转变。对于已经成功转变的人来说，他们知道这个过程有多难，通常也愿意帮助他人渡过这个难关。很多组织就是这么建立起来的，比如匿名戒酒协会（一个有将近 200 万成员的组织，大家相互帮助戒酒）。

同理，你也可以问问自己：生活中有没有什么阻碍转变的外部关系，需要我进行取舍？我是不是有着一帮愤世嫉俗的朋友，他们总是不停地抱怨，影响着我，使我也持有这种消极的生活态度？我是不是喜欢在休息时间跟同事一起吸烟，而这让我更难戒掉烟瘾？我是不是有一个懒汉舍友，让我也很难生活得有条理？在本书第 12 章，我们会更详细地探讨这些关系方面的挑战。但此时此刻，你需要明白很重要的一点：**你的社交圈会给你带来持续的影响，而这种影响往往是习惯改变的决定性因素**。

请养成向外联结他人的习惯，打破总想独自做所有事的自我限制。加入社会团体，参加社会活动，认识新朋友，扩展社交圈。这种向外联结的习惯，会让更多能给你支持的朋友进入你的生活，最终极大地使你受益。这种影响的威力远超你的想象。

习惯与能量原则

在习惯改变这件事上，能量原则恐怕是最重要的一条。如果想改变习惯，你就必须专注于自己想要的结果，并且真正付出努力。你越自律，改变习惯就越容易。

请记住，你需要为自己的生活全权负责。无论习惯成就你还是摧毁你，你都是最终要承担结果的人。习惯会影响你人生的结果，而你也必须发挥自己的能量，去掌控习惯。

在国际象棋中，如果你想一上来就直接打对方的王，这往往不是个好主意，除非对手是个新人。如果你想赢，就需要采取更明智的行动。在一盘棋里，有"初段""中段"和"尾段"三个阶段。初段时，你的目标是取得有利开局，建立起微弱优势。中段时，你要运用策略，吃对手的棋子，让自己占据有利的位置。最后到尾段，你才能向对方的王发起进攻；但即便在这个阶段，在你将对方的军之前，也需要先在一定时间里持续削弱对方。

改变习惯其实很像下棋。如果你在一开始就发起猛攻，那就很容易失败，你付出的努力只会让自己看起来很蠢。同样，别想着自己一下子就能彻底改变一个旧习惯。在初始阶段，先专注于做好铺垫，目标是破坏旧习惯的支撑条件，从而让自己处于有利位置。比如，改变生活环境，不再强化原有行为，创造有利于建立新习惯的条件。

在初段时，你只是布置自己的棋局，而不是要直接改变习惯。对于你想尝试的改变，你可以买几本书来读，可以向过来人寻求建议，还可以看看是否有人可以做你的导师。如果可能的话，加入一个能给你带来支持的团体。用一切办法为后续的改变创造有利条件。

在中段时，你可以开始运用一些具体策略，让自己占据优势。如果你在初段做得足够好，这个时候你就应该知道用什么策略了。你可以选择自己制定策略，当然，也可以从别人那里学到该怎么做。比如，你想减重、改变饮食习惯，具体策略可能就包括控制每顿饭的摄入量，记饮食日记，吃蔬菜水果，扔掉家里的垃圾食品，学习健康食谱，吃饭时关掉电视，找一个同伴，加入一个减重组织，买一个新体重秤，在家里贴健美照片来进行自我激励，避免一切容易暴饮暴食的状态，记录自己的改变进度，等等。在正式开始节食之前，你需要先铺垫好这些事情。然后，当你准备好正式开始的时候，就已经处于优势地位了。

最后，进入尾段，这才是你直接向目标发起进攻的时候。如果你在初段和中段做了充足的准备，这个时候就会很从容。现在是考验你自身能量的时候了。看看自己能不能坚持住？能不能打破旧习惯、建立新习惯？

在习惯改变的最终阶段，有两种强有力的方法可以帮你取得成功："30 天尝试"和"逐步前进"。

30 天尝试

我早年做软件开发的时候，学到了"30 天尝试"这个概念。开发者在网上销售自己的软件，通常会提供一个 30 天的免费试用版本，这样潜在客户就可以零成本试用一段时间，然后再决定是否购买。在试用期快结束的时候，很多人都会选择购买，因为他们已经习惯使用这个软件了。"先尝试再购买"，这是一个很有效的销售技巧。

同理，你也可以用这种方法来建立新习惯。对于建立新习惯来说，最难的其实是在最开始的一个月坚持住，尤其是开头几个星期。一旦你成功度过了 30 天，继续下去就会变得容易很多，因为你已经克服了旧习惯的惯性。

每当我们想到要永久改变一个习惯时，就会感到很紧张，然而这时真正的改变甚至还没有开始。我们要在余生中永远放弃一些东西，这想起来让人压力太大了。这个时候，我们就可以使用 30 天尝试的方法。别再想着做出什么永久的改变，你的目标只是进行一次短暂的小改变。尝试一下新习惯，只有

30天，之后你就可以恢复旧习惯。这只不过是漫长人生中的一个月而已，不算太坏，对吧？

每天锻炼，尝试30天；不看电视，尝试30天；5点起床，尝试30天。把30天尝试看作一次有趣的自我挑战。你只不过是做个试验，看看自己到底喜欢不喜欢一件事。30天尝试也需要一些自律和坚持，但远远没有做出永久改变那么困难。你总是能看到曙光就在前方，如果尝试不成功，你完全可以在30天之后选择放弃。你做出的"牺牲"都只是暂时的，你可以在第31天就马上回到以前的习惯。

那么，如果你完成了30天尝试，会有什么结果呢？

第一，你已经走了足够远，可以建立起新的习惯。如果你愿意，继续下去也变得更容易了。

第二，在这段时间里，你打破了原有的行为模式，所以旧习惯对你的影响也不会像之前那么大了。

第三，你现在已经拥有了30天的成功经验，你已经证明了自己可以做到，而这会给你带来自信。

第四，你在这30天里已经体验到了改变的结果，而如果这种结果是积极的，你会更有动力继续下去。

于是，一旦完成30天的尝试，你做出永久改变的能力会得到显著的提升。如果你想永久改变，会发现继续下去也并非难事，因为你已经建立起了惯性。即便这时你依然没准备好做出永久改变，那也可以把这次尝试延长到60天、90天。尝试期延伸得越长，就越容易把一项改变锁定成长期习惯。

还有一种可能是，在 30 天尝试结束之后，你不想再继续这个新习惯了。请记住这只是一次试验，如果你不喜欢，就没必要强迫自己埋单。在这种情况下，你完全可以放弃这个习惯，转而尝试其他事情。这没什么大不了的。

如果你发现 30 天对自己来说太困难，那就缩短一点。先试试 5 天或者 10 天，然后休息一下，准备好之后再尝试更长的期限。除了缩短期限，你还可以选择降低难度。比如，你可以尝试 30 天不喝咖啡，但也可以限制摄入量，规定在 30 天里每天不超过 1 杯。尽管去调整难度，以便匹配你当前的自律水平。允许自己接受挑战，但没必要让自己承受过大的压力。

我完成过很多个 30 天尝试，也帮助很多人学会了这种方法。我最早的成功经验之一是在 1993 年，那个时候，我对成为素食者这件事很好奇。当时我还在学校，日常饮食主要是汉堡、墨西哥卷饼、意大利辣肠比萨这些东西。我想，尝试 30 天素食应该会是件很有趣的事。我在一个营养课上接触到了素食的理念，于是想一探究竟，看看到底是什么感觉。实话实说，我当时并没有打算坚持超过 30 天。我确实很好奇，但并没有想做出永久改变。

在吃素食的第一周里，我发现自己的精力显著提升，专注力变得更好，思维似乎也更清晰了。实际转变比我原本预期得更容易，我根本没感觉被剥夺了什么。在 30 天结束时，我太喜欢这种状态了，于是选择了继续下去。我从来没有刻意决定要成为一个素食主义者，但这个习惯最终保持了下来。

四年之后，在 1997 年，我决定尝试 30 天纯素饮食，也就是不再食用蛋奶制品。那次尝试带来了更好的效果，于是，我再次毫不犹豫地保持了新习惯。从那以后，我再也没有吃过任何动物制品。㊀

30 天尝试最适合用于每日习惯的改变。对于那些频率更低的习惯，比如每周一次的活动，我发现这种方法就没那么有效了。但是，如果你能把这些频率更低的事情变成每日习惯，那就可以进行一次 30 天尝试，结束之后可以再降低频率。

以下是一些"30 天尝试"的点子：

- 不看电视。如果你怕错过什么，可以把喜欢的节目记下来，30 天之后再看。
- 放弃网上论坛，不再漫无目的地浏览网页。
- 每天沐浴、泡澡，让自己保持最好的状态。
- 每天把自己介绍给一个原本不认识的人。
- 每天傍晚出门，每次做一些不同的事。
- 每天花 30 分钟整理房间或者办公室。
- 跟伴侣隔天交替给对方按摩，这样 30 天里你们就能各自享受 15 次按摩。
- 打破成瘾习惯，比如吸烟、喝碳酸饮料、吃垃圾食品、喝咖啡等。
- 每天 5 点起床（这是我个人感觉最棒的尝试之一）。

㊀ 这里只是作者举例说明如何建立新习惯，不代表提倡素食。——编辑注

- 每天阅读 1 小时，这是一个非常能给人带来能量的习惯。
- 每天学 10 个新单词。
- 每天冥想 1 次或者 2 次。
- 每天写日记。

能不能一次并行好几个 30 天尝试？答案是，取决于你。很多人在并行尝试时非常成功，但也有一些人更喜欢每次专注于一件事。我的建议是，在你第一次进行 30 天尝试的时候，并行的事情最多不要超过 3 个。并且，不同事情之间如果能相互促进的话是最好的，比如饮食和锻炼并行。当人们试图一次并行 4 项甚至更多改变的时候，往往会感觉压力过大，结果可能在第一周就全部放弃。

你可以邀请家人和朋友加入，这样会让挑战变得更容易。他们可以立竿见影地给你提供支持，这同时也会帮你们建立起积极的纽带。比如，我和家人就一起尝试过 30 天不看电视，大家一起玩游戏，一起外出郊游。

30 天尝试是一种很有效而又很简单的方法。承诺在 30 天里每天都坚持一件事，这种方法可以让你更容易化解内心抵触，也更愿意迎接挑战。挑一个想尝试的新习惯或者想打破的旧习惯，今天就开始吧！

逐步前进

"逐步前进"是一种简单的方法，可以帮我们渐进地改变原有习惯。不要一次性做出很大改变,相反,你可以在正确的方向上一次前进一小步。每次当你感觉适应了,就再往前走一小步。持续这样的小步前进,直到最终实现目标。

假设你想戒掉咖啡,那么第一步就是搞清楚现在每天喝多少量。然后,设定初步目标,比如每天减少 25%。如果你现在每天喝 4 杯,那就减成 3 杯,或者还喝 4 杯,但每一杯只有原来的四分之三。在新的摄入量水平上保持一周,然后进行下一步,减到最开始的 50%,再坚持一周。就这样逐步前进,你逐渐就可以彻底不喝咖啡了。如果每次 25% 的改变对你来说太多,那就改成 10%。

你可以把逐步前进的方法用在很多习惯的改变上。我认识的一些人用这种方法戒烟,每周减少一定的量,一直减到每天 1 根(有时候甚至两天 1 根、三天 1 根),最后彻底戒掉。也有一些人用这种方法开始早起,每天把闹钟设得比前一天早 5 分钟,直到达成目标。

习惯改变有时候是很不容易的,所以你很可能不会一次性就搞定。就像前面提到的下棋一样,即使最顶尖的棋手也需要逐步去完成自己的目标。如果你在一次挑战中失败了,那就复盘一下,看看自己在初段、中段和尾段的情况,看看能不能找出是在哪一步出了问题。你是在初段没有做足够的准备吗?是在中段没有很好地执行策略吗?是在尾段犯了不该犯的错误吗?你能学到什么教训,以便让自己下次做得更好?

习惯与一体原则

你不是生活在真空中。或好或坏，你个人的习惯最终都会影响到其他人。请花一点时间，想想自己的习惯会给身边的人带来什么影响。你的习惯能帮助他人遵循真实、爱与能量的原则吗？或者，你的行为会把他人引入歧途？你的行为会对他人产生作用，无形中影响着他们也做出类似的举动。这一点对小孩子来说尤其明显，他们经常会把大人作为学习的对象。

一体原则要说的是，我们每个人都是一个榜样。在与他人相处的过程中，我们实际上就在影响着对方，无论我们是否意识到了这一点。我们与他人之间的联结是客观存在的，这也就意味着，个体的习惯不能被完全孤立地看待。一个人的恶习也会给其他人带来伤害，有时候这种伤害可能会非常严重，比如醉驾。所以，我们其实不仅对自己负有责任，我们也对自己生活于其中的社会负有一份责任。

学会用习惯来强化与这个世界的一体联结。别活在一个孤岛里，去选择那些能够使他人受益的习惯。看看自己每天能做些什么，给这世上的更多人带来价值，而不仅限于对自己的家人或者朋友。看看自己是否可以做一份志愿工作，或者通过从事的职业做出贡献。比如，我通过自己的网站，向全世界的人们分享个人成长相关的思考。我每天都能收到读者的反馈，知道他们能够从我的工作中受益。虽然我们从未谋面，但这对我来说已经是一种极大的回报。一些人也会提倡一种做法，就是长期把自己收入的十分之一捐出去。如果你决定这么做，请明白一点：捐赠金钱并不能完全替代行动。

培养至少一个习惯，能让你加深与这个世界的一体和联结。你可以在大自然中长距离徒步，可以享受与亲近的人相互依偎，用拥抱代替握手，对陌生人报以微笑……如果你坚持这些简单的习惯，就很少会感到孤独。

习惯与主导原则

请别忘了，你就是自己生活的指挥官。你必须自己决定——哪些习惯需要保留，而哪些习惯需要摒弃。你可以亲身试验，看看哪些习惯会给自己带来最好的影响。哪些习惯会提高效能？哪些习惯是你的阻碍？

以下是一份清单，里面有66个能帮你激发个人效能的习惯。浏览一下这些习惯，看看哪些比较吸引你。然后，用"30天尝试"或者"逐步前进"的方法，开始你想要的改变。

（1）**每日目标：** 每一天都提前设定目标，确定要做的事，然后去做。如果没有明确的重点，你很容易分心。

（2）**难题前置：** 打败拖延症，把最难的工作放在早上解决，而不是拖到下午。早上的小成就会为一整天奠定高效的基调。

（3）**高峰时段：** 找到自己一天中的效率高峰时段，然后把最重要的任务安排在这些时段。在其他时间处理相对次要的工作。

（4）免打扰时段：设定免打扰时段，把最有挑战的工作放在这些时段。在此期间其他人不能打扰你，你需要独自工作、保持高度专注。除此之外，其他时间则可以作为开放时段，你可以安排相对轻松的工作，别人也可以来找你。

（5）小里程碑：每当开启一个新任务时，定位出第一个里程碑，你必须达成这个里程碑才能休息。比如，在写一本书的时候，你可以规定必须写完至少 1000 字才能休息。无论如何都要完成这个目标。

（6）时间块：给自己设定一块固定长度的时间（30 分钟就不错），用这块时间去做一件事。不用担心在这段时间里能完成多少，只需要投入这段时间。

（7）打包：把相似的工作打包（比如打电话，需要出门办的事），然后在一个时间段集中处理。

（8）早起：早点起床（比如 5 点），然后直接去做最重要的工作。通常在早上 8 点前，你就已经完成了比很多人一天都多的工作。

（9）交替：首先，用 15～30 分钟做一点简单任务热身；然后，用几小时集中处理最有难度的任务；最后，再用 15～30 分钟处理简单任务作为结束。

（10）加速：刻意采用比往常快一点的节奏——走路更快一点，阅读更快一点，打字更快一点……回家更早一点。

（11）保持整洁：营造一个放松、井井有条的居住和工作环境。

（12）议程表：提前给参会者发放清晰的会议议程表，这能极大地提高会议专注度和效率。打重要电话时也使用议程表。

（13）帕累托原则：帕累托原则也被称为"二八法则"，即80%的价值往往产生于20%的工作。把你的精力集中在那20%的关键工作上，别在80%不重要的工作上花费太多时间。

（14）立刻行动：在设定目标后立刻开始行动，即使还没有完备的计划也没关系，用这种方法来打破拖延。不完备也没关系，可以在行动过程中进行调整。

（15）一分钟：每当你拿到了做出决定所需的信息，就设定一个计时器，给自己60秒做出决定。用一分钟来让自己犹豫摇摆，在这一分钟结束时做出一个明确的选择。一旦做出选择，就开始一些行动，让事情进入执行状态。

（16）截止时间：给任务设定截止时间，并把它作为一个关注点，牵引自己保持在正轨上。

（17）公开承诺：把你的承诺公开告诉其他人，这样大家就可以监督你。

（18）准时：在赴约时永远提前一点到达，准时的习惯会提升你的掌控感。

（19）碎片阅读：在等人或者排队的时候，读一本书或者读几篇文章。

（20）共鸣：想象自己的目标已经完成的画面，让自己进入已经完成的那种状态，同时内心保持全然相信。用不了多久，你会看到目标变成现实。

（21）奖励： 在完成任务时经常给自己一些小奖励，看个电影，做个按摩，或者在安静的公园里度过一整天。

（22）区分优先级： 把重要的事和紧急的事区分开。分出专门的时间去做那些真正重要但不紧急的事，比如锻炼，写书，找到合适的人生伴侣。

（23）连续性： 在一天的工作结束时，确定明天要处理的第一件事，然后把需要的东西提前准备好。第二天早上起来，马上开始做这件事。

（24）切分工作： 把复杂的项目切分成很多个清晰的小块任务，然后每次专注于解决一小块。

（25）单线程工作： 每次开始一个任务后，保持专注在这件事上，直到100%完成。中途不要切换任务。如果有分心的事情出现，记下来晚点再处理。

（26）随机选择： 在大项目中随机选择一个小任务，完成它。比如，随便挑一个账单支付，随便挑一个电话来打。完成之后再随机挑下一个，重复下去。

（27）糟糕透顶： 故意用非常糟糕的方式完成任务，以此来打破自己的完美主义倾向。你没有义务讨任何人喜欢。发布一篇关于盐吃起来怎么样的文章，设计一个烂网站，或者写一份肯定会在第一年破产的商业计划。选择一个糟糕透顶的起点，之后你就没得选了，只可能变得比这更好。

（28）授权： 让他人帮你完成某个任务，然后提供合理的回报。

（29）跨界学习：学一个跟你工作完全不相关的技能。比如练搏击，学一门外语，学象棋。你往往会发现，一个领域的某个思维能帮你在另一个领域获得提升。

（30）直觉：听从直觉行事，它很可能是正确的。

（31）优化：找出你最习惯遵循的行为路径，把其中的步骤写下来。重新调整让效率最大化，然后尝试优化后的步骤。很多时候，我们只有真正实践一下，才能搞清楚什么对我们来说是正确的。

（32）极度慢速：选一件你特别不想做的事，每周只处理一次，一次只投入15分钟。比如清理一个柜子，扔10件不再需要的衣服，写若干个段落……然后停下来，一周之后再继续。

（33）每日例行：每天定一个时间来做同一件事。每天1小时，你就可以有一个健康的身体，可以写完一本书，或者在一年之后有一个能产生收入的网站。

（34）逐步添加：在已有的习惯之上做一点添加，从而形成新习惯。比如，在午饭之后浇花，在查看邮箱之后发送感谢信。

（35）任务并行：在做一件事的过程中加入另一件事。比如吃午饭的同时阅读，通勤的同时打电话，购物的同时听音频。

（36）感恩：如果别人帮助了你，给对方寄一张感谢卡。我指的是纸质卡片，不是电子卡片。这种行为是很少见的，所以也是令人印象深刻的。你感谢的人会很愿意在未来给你带来更多机会。

（37）训练： 通过训练提升自己各方面的技能。把打字速度提升到每分钟 60 字以上，学习快速阅读，提高自己的沟通技巧。

（38）拒绝： 对于他人提出的无关紧要的要求，学会拒绝。如果对方因此而对你感到失望，那随便他们。

（39）挽救时间： 把自己的时间从他人的浪费中挽救回来。比如听无聊的演讲时，在脑子里思考自己的目标；开无聊的会时，写自己的购物清单。

（40）吸收信息： 把你目前面临的最大挑战告诉别人，邀请大家给出建议、反馈或者建设性的批评。

（41）20： 找一张纸，在上面写出 20 个提高个人效能的方法。

（42）做挑战者： 主动把任务难度提高。相比无聊的事情，有难度的事情更能激发你的专注力和动力。比如尝试用你不擅长的那只手去填表、做家务，用全新的方式整理自己的收件箱。

（43）增加趣味： 用一些特殊的甚至疯狂的方式去完成一个原本单调的任务，让事情变得有趣。比如用陌生的外国腔调打电话，用蜡笔记笔记。

（44）音乐： 做点新尝试，看看音乐能在多大程度上激发你的个人效能。比如写邮件的时候听电音⊖或者摇滚，工作的时候听古典或者轻音乐，做需要高度专注的创造性工作时则保持安静。

⊖ 电子音乐。

（45）奇迹工作者：评估一个任务需要多长时间才能完成，然后计时，逼自己提前半小时完成。

（46）转交：如果别人转过来一个你非常不喜欢的任务，那就再转交给别人。

（47）反驳：如果别人交给你一个很无聊的任务，那就反驳回去，让对方给出做这件事的合理解释。

（48）主动退出：主动退出俱乐部、项目，取消订阅，舍弃那些占用了你过多时间、实际上并不值得的事情。

（49）戒除咖啡：戒掉咖啡，度过戒断适应期，重新唤起身体本身的活力。

（50）主动拖延：对于不重要的事，能拖多久算多久。很多事情放着放着就自动解决了，根本不需要做什么。

（51）不看电视：不看电视，尤其是各类新闻。重新找回自己的时间。

（52）记录时间：给一天中做的所有事情做时间记录，最好持续一周。这种监控时间的方法很简单，却可以极大地提升个人效能。

（53）做勇者：找出任务列表中最让你恐惧的一项，鼓起勇气，立刻动手解决。

（54）打破常规：比如躲避高峰出行，在超市快关门或者刚开门时去购物。把每天 24 小时的使用效率最大化。

（55）宅在家：只要有可能就选择线上购物而不去线下。挑出最好的几个选项，看看评价，几分钟内下单搞定。

（56）提醒：生日、节假日前的一两个月，在日历上标记提醒，提前把礼物买好。别等到最后一天。

（57）现在就干：念出这四个字，一遍一遍重复，直到你自己忍无可忍开始行动。

（58）教练：请一个私人教练，帮你保持动力、专注和对自己高度负责。

（59）激励：读书和文章，听音频，参加研讨会，持续吸收新鲜信息，持续激励自己。

（60）锻炼：坚持锻炼。每天拿出 30 分钟，激活你的新陈代谢、专注力和思维。

（61）远离消极人群：清除生活中的各种消极声音，去接近那些积极、快乐的人。思维模式是会"传染"的。遵循真实、爱与能量原则，别再每天自怨自艾。

（62）严厉眼神：对着镜子练习自己最严厉的眼神。如果有人闯入你的空间，打扰你做最重要的事情，就把这个眼神用在他身上。

（63）花钱办事：在你面临的问题上花钱，直到问题解决。你生活中有多少问题，把它们定义为经济问题的话会更简单？雇一个助理、保姆、清洁阿姨，你能定义出这些事情的合理成本吗？

（64）寻找榜样：对于你想完成的事情，找到那些已经完成了的人，向他们请教，学习他们的态度、信念以及行为。

（65）主动出击：即使别人不同意你的观点，你也可以采取行动,之后承担对应的结果就好了。寻求原谅比征求允许容易多了。

(66)活在现实世界: 把网上的事情放一放(比如玩游戏,看博客,发帖子,留言),把这些时间重新投入你的现实生活中。如果现实世界也是一场游戏,你此刻可能已经在一堆怪兽的尸体下奄奄一息了。

以上的各种习惯并非全都同等重要。花点时间,去建立那些能给自己、给他人带来真正改变的习惯。比如,写日记的习惯能帮我厘清思路、获得洞见,写博客的习惯让我能把学到的东西分享给更多人。这两件事对我来说都是坐在电脑前打字,但相比而言,写博客就是一个更重要的习惯。通常来说,如果想让一个习惯更重要、更有意义,最简单的方法往往是把它分享给更多的人。

习惯与勇气原则

用本心问题来评估自己的各种习惯。哪些习惯是遵从本心的?哪些习惯让你偏离正轨?别坐等着好习惯自动形成,也别坐等着坏习惯自行消失。你需要自己采取行动,创造出想要的结果。去建立那些让你遵从本心的习惯,摒弃那些偏离本心的习惯。

去直面那些让自己感到有点恐惧的事情,把这作为一个提升勇气的习惯。以前我参加头马演讲协会的时候，每天晚上大家都要做即兴演讲。有人会出来提一个随机的问题，比如"如果你能改变自己的任何一个方面，你希望改变什么，为什么？"然后，你要马上起身，就这个话题做一两分钟的即兴演讲。你的目标并不是呈现一场完美的演讲，相反，这种训练是为了帮你建立在人前讲话的信心。如果你在毫无准备的情况下有勇气面对一群人讲话，那以后做有准备的演讲就变得容易多了。你在某个方面建立起的勇气，往往还会影响其他的方面。

别让缺乏勇气阻碍你建立新习惯，尤其是那些需要和他人互动的习惯。请选择遵从本心，即使这意味着你必须面对艰难的挑战。尊重你内心深处的那份联结，让本心做你的指引。

习惯与清醒自主原则

清醒自主地选择与真实自我相一致的习惯。对于每一个习惯，问问你自己：这是真实的我吗？这符合我最想成为的样子吗？如果生活中有哪个部分让你感到虚伪，感到偏离真实的自己，那这部分就需要改变。这并不容易，但是正确。

你的最终目标，是建立一系列相互促进的习惯，更好地遵循真实、爱与能量原则而生活。好习惯让你能更专注于创造性的自我表达，从而获得积极的生命流动状态。你把清醒意识用于更高级别的决策，而把日常选择交给习惯。如果你的习惯能够有效地协同，最终也就会得到好的结果。你可能一生都无法达到完美的状态,但你向这个目标前进的每一步都是值得的。

我一生中做出的最好决定之一,是把个人成长作为一项每天都坚持的习惯。最初,我读书、听音频;后来,开始做各种尝试;再后来,我创建了一个线上社区,跟更多人一起探索个人成长。这一路走来,我也经历过很多失败和挫折。但是,尝试让自己每一天都变得更好一点点,我把这当作一种人生习惯;而所有这些努力,实际上让我获得了难以置信的丰厚回报。

在习惯这件事上,你的成功跟任何外部成就无关。真正的成功,是你看着镜子里的自己,内心能够感到全然平静。当你的习惯遵循真实、爱与能量原则时,镜子里的那个人就会是你的朋友,而不是敌人。

——

请把足够的时间和精力投入在你的习惯上。你在个人成长上做出的绝大多数努力,实际上都是在打破旧习惯,或者建立新习惯。习惯会让你的生活进入自动运转状态,所以你需要确定运转结果是自己真正想要的。如果你的习惯每天都在损害着你,那你怎么可能得到自己想要的生活?如果你想更加清醒自主地生活,就必须清醒自主地建立起良好的习惯。

改变习惯是艰难的,但好习惯也能给你带来巨大的助力。一个好的习惯,很可能就永久地改变了你未来生活的轨迹。总而言之,努力是值得的。好习惯能在生活的各个方面给你提供支持,包括健康、关系,当然还有下一章要讲的——职业。

第 9 章

Personal Development for Smart People

职 业

工作是爱的外显。

——纪伯伦

请把职业看作你人生中创造性自我表达的首要途径。你的职业可能是一份赚取薪水的工作或者自己创建的一个生意，但并不是只能局限于此。本质上，职业是占据了你相当一部分生命的东西，它占用着你大量的时间。所以，如果你想清醒自主地生活，职业选择就是至关重要的一环。

你的职业实际上包括两个部分：载体，以及信息。大多数人只把职业看作载体，通过这种载体你得以表达自我。比如，我可以说自己是一个写作者、演讲者或者博主，这些都是我用来进行对外表达的载体。大多数职业头衔都是从功能的角度来命名的，比如医生、律师、警察、教师、司机。

但实际上，你通过职业传递出的信息本身，至少也和职业这个载体同等重要。载体代表着你表达自我的方式，而信息则是你表达出的内容。比如，我传递的信息是关于人类清醒自主的成长，但我可以用很多不同方式来传递这个信息。我可以写作，可以演讲，如果愿意的话我甚至可以拍一部电影。同时，其他人可能会使用相同的载体，但传递出的却是完全不同的东西。比如，医生传递出的信息就是关于治疗、对病人的同情、医学发现、教育、生命、等等。两个人可能用着相似的载体，但这并不意味着他们在分享相同的信息。

很多时候，人们会根据功能来定义自己的职业，但这是大错特错。你使用的载体只是表象，并不能用来定义你这个人。你工作的方式很可能会随着时间改变，但你向这个世界传递的信息却可以相对稳定。这个信息代表着你是谁，载体只不过是你为了表达自我而选择的具体方式。

很多年以前,我选择把游戏开发作为表达自我的方式,但如今我更喜欢写作和演讲。以前我做的是跟现在完全不同的事情,但这些事情背后隐藏的信息,也就是关于清醒自主成长的信息,其实一直都没怎么变过。同理,职业的深层本质,是关于你向这个世界传递着什么样的信息,而不是你在用什么方式进行传递。

在这一章,我们将从非常详细的层面探讨职业,既包括你使用的载体,也包括你传递的信息本身。如果想拥有真正让自己满意的职业,你必须找到自己最核心的那个信息,并且用适合自己的载体将它传递给这个世界。如果你现在并不热爱自己的职业,原因很可能就是你使用的载体和信息并不匹配。如果你只是在日复一日做着一份差事,那你可能需要做出转变,重新让自己回到真实、爱与能量原则的轨道上。纠正这些问题并不是件容易的事,但读到这里想必你已经知道了——我并不想让你仅仅安于现状,因为你完全可以拥有更好的选择。

职业与真实原则

当你审视自己现在的职业时,觉察到了什么?对于目前在走的这条路,你最真实的预测是什么?你是主动选择了这条路,还是只不过被动掉进了坑里?这个职业和你的真实自我相一致吗?如果你回到原点重新选择一次,你还会做出相同的选择吗？对于你没能选择的其他道路，你是否心怀遗憾？

　　在职业上遵循真实原则，你必须面对这些艰难的问题，并且给出尽可能坦诚的回答。哪怕你并不喜欢真实的答案，请先坦然接纳。从当下开始，你始终拥有做出不同选择的自由，但前提是你首先要承认此刻的真实情况。永远不要装作喜欢一个职业，而实际上你知道这是条错误的路。

　　真实原则是职业发展中必不可少的一部分。这意味着，对自己保持坦诚，同时也在做事时脚踏实地，坚持实事求是。比如，一个很现实的问题就是：你需要赚取足够的收入，从而满足自己的基本需求。在主业之外获得收入当然是可能的，但对很多人来说，本职工作还是最主要的收入来源。如果你无法获得满足基本需求的收入，那你去做热爱的事也难以长久。

　　还有一个问题是：你需要找到适合的方式，向这个世界传递自己的信息。实际上，你很难在第一次选择时就找到最好的方式；但好消息是，你在人生中也并非只有一次选择。随着时间推移，你会变得更了解真实自我，从而更自由地转换具体方式。

　　从事游戏开发的时候，我内心想传递的信息其实已经是个人成长，虽然当初我不像今天这样清楚这一点。我对游戏开发感兴趣，是因为这份工作本身能带来很多挑战，我能从中学到很多很棒的技能，比如制图、动画、信息、音响设计、碰撞检测、路径探索、游戏逻辑、人工智能……从事游戏开发是一次显著的成长经历，我在其中投入了很多年时间，但从来没后悔做这件事。

有一款叫《灵感》的射击游戏，是我最早发行的游戏之一，里面用上了一些简单的人工智能技术。游戏中的敌人会逐渐了解你的射击路径，随着你玩的次数增加，敌人也会变得越来越聪明。你玩的时间越长，游戏就越有挑战性。

随着在这个方向上不断探索，我逐渐对射击类游戏失去了兴趣，后来又开发了一款解谜游戏《紫色小精灵》。我设计这款游戏的初衷，是希望能给玩家带来心智上的历练，就像下棋一样。我对这款游戏有很深的感情，因为投入了大量时间来开发它。实际上，我就是在尝试通过游戏开发这种方式，把自己对个人成长的热情表达出来。这种方式确实让我有很多机会表达自己的想法，但还不是最理想的选择。大多数人买游戏只是为了娱乐，而我不想仅仅停留在娱乐大众，我想做得更多。

在经营游戏公司的过程中，我开始写文章，帮助其他独立游戏开发者。最开始我写的是关于技术和销售的内容，但很快就转到了个人成长领域，比如目标设定、效率提升等。我喜欢分享自己学到的东西，而且收到人们的反馈、知道大家通过我的分享获得了提升，这对我来说也是一件很快乐的事。但那个时候，我对于个人成长的深层原则还一无所知。我只是碰巧选择了写作这样一种表达方式，直到多年之后才把它作为职业。我以前把自己看作一个程序员，而不是一个写作者。然而对我来说，写作是一个更好的载体，让我能充分地向这个世界传递自己的信息。用开发一个游戏的时间，我可以写出超过100篇不同主题的文章。

我并不知道有什么方法，能让你一次性就选到完美的职业。但我觉得这不重要。职业发展其实是一个持续向前的过程，而且路径很可能不是线性的。寻找最适合自己的载体，这其实是一个持续修正的过程。随着你将真实、爱与能量原则更好地融入自己的人生，你做出的选择也会不断优化。当你知道了什么是对自己最重要的，自然就会做出更明智、更合适的选择。别担心做不到完美。做出你当下能做的最好选择，这就足够了，然后去付诸行动。做了错误的选择其实也没关系，你很快就会知道，然后及时调整就好了。

选择的职业载体对不对，最重要的一个标准是：它是否适合你想要表达的内在信息。请对这个信息保持坦诚，这一点很重要，哪怕你必须面对一些金钱上的损失。为了从游戏行业切换到个人成长领域，我接受了收入的显著下滑；为了支持我的这个选择，我的家庭也在开支上进行了缩减。

除了暂时的收入问题，从各方面看这都是一个明智的选择。几个月之后，我的收入就超过了之前任何一个时期。在你进行职业转换的时候，短期的收入下滑是很正常的。如果新职业真的更适合你，那在掌握足够的技能之后，你应该能获得比以前更高的收入。

永远不要让安全感、钱、虚名这些东西变成真实原则的阻碍。真正的安全感其实并不来自工作或者某个职位；真正的安全感，来自你能够遵循真实、爱与能量原则而生活。我们会在第 10 章对"金钱"这个问题做更详细的探讨，但此刻请你明白：

提高收入的最好方式，就是找到能让你表达最真实自我的职业。通过向他人分享你的信息，你为这个世界提供价值，从而获得丰厚的回报。至于名声，如果你真的变得很有名，那请让这份名声基于真实、爱与能量，而不是基于你捏造的假象。

真实原则可以帮你选择匹配自己信息的载体，但并不一定能让你找到这个信息本身。如果想找到这个信息，你还需要运用个人成长的其他原则，尤其是爱原则。

职业与爱原则

爱原则和你想要表达的信息紧密相关。如果你找到自己最核心的那个信息，就会感到与之深度联结，这种联结甚至会让你热泪盈眶。

这里有一个简单却很有效的方法，可以帮你找到自己的那个信息——你的人生使命。很多试过这个方法的人都取得了显著的突破。

找一个安静的地方，完成下面 4 步。

（1）拿出一张白纸，或者打开一个新的 Word 文档（我更推荐用纸）。

（2）在最上面写：我这一生的真正使命是什么？

（3）把脑海里出现的答案记下来，任何答案都可以。它不一定是个完整的句子，某个短语也可以。如果你感觉想出来的都没太大价值，那就写下"我没有什么人生使命"或者"人生没有意义",然后放在那里。

（4）不断重复第 3 步，直到你写下那个能让你热泪盈眶的答案。这就是你人生中最核心的那个信息。

用多长时间才能找到那个最终答案？实际上，人跟人可能很不一样，而且取决于你在多大程度上遵循了真实、爱与能量的原则。通常你需要 15 ～ 20 分钟，才能把记忆中浮现出的各种错误答案清理干净。当真正的答案出现时，那种感觉就好像它来自某种完全不同的源头。对大多数人来说，整个过程需要 30 ～ 60 分钟，中间会出现超过 100 个错误答案。确实有一些人几乎立刻就找到了答案，但也有一些人需要连续几天重复这个过程，才能找到那个给他们带来深层触动的答案。

在过程中的某个时点上（通常在第 50 ～ 100 个答案之间），你可能会想放弃，因为自己始终看不到正确答案。你可能会有一股冲动，想起身去做别的事情，这都很正常。请把这种抗拒心理控制住，继续写下去，这种不适感会过去的。

你也许在遇到一些答案的时候，会感觉到情绪上的小波动，但这些答案并不能让你热泪盈眶。把这些答案标注出来，以便你之后回头再看，用这些答案重新做排列。这些答案中的每一个，都包含了核心信息的一个碎片。当你开始发掘出这样的答案时，说明你逐渐进入状态了。请继续写下去。

我当初做这个练习的时候，花了大概 25 分钟，在第 106 个出现时找到了自己的答案。这个答案的一些碎片出现在了第 17 个、39 个和 53 个中；答案的主体部分，在第 100 ～ 106 个之间变得越来越清晰。大概在第 55～60 个的时候，我开始感到不耐烦了；在第 80 个的时候，我停下来休息了两分钟——闭上眼，放松，清理内心思绪，然后继续专注于对最终答案的寻找。休息是有用的，紧接着我就得到了一个清晰很多的答案，而之后的版本就都是在这个基础上做微小调整了。我现在的人生使命版本如下：

清醒自主、充满勇气地生活；
享受，增益，分享平静、能量、热情与富足；
与爱和悲悯之心共鸣；
唤醒他人内在的伟大灵魂；
全然拥抱当下时刻。

这个人生使命可能对你来说毫无意义，但我每次读它的时候，都能被深深地触动。如果你找到属于自己的那个答案，也就是你存在于这世上的意义，你也一样会产生强烈的共鸣。这些语句对你来说有着特别的能量，每当你读它们的时候，都能感受到那股能量。

如果你对这个练习是否有用有疑问，先把疑问放在一边，尝试一遍再说。在你做完之后，也许就找到了自己的答案。这个练习为什么管用？你问 10 个完成了的人，很可能会得到 10 个不同的回答，每个回答都是基于大家不同的信念体系，包含了不同方面的真相。

在做完这个练习之后，很多人把他们的人生使命分享给了我，而我通常会被那些使命的美好所感动。当你找到了自己人生中的那个信息，请遵循真实原则，找到一个适合自己的方式去表达它。

下一步，就是运用能量原则，把你的信息和载体转变为真正的行动。

职业与能量原则

你是需要对自己的职业道路全权负责的人，你也理应选择自己真正想要从事的职业，而不是一辈子凑合做着不喜欢的事情。你当下的处境，是你之前选择的结果。如果你当下感到不快乐，请记住——你永远都有做出新选择的自由。唯一能困住你的人，是你自己。

请避免犯一种常见的错误，就是陷在一份削弱自己的工作中。如果你发现自己正处于这样一种状态，做出的贡献既得不到足够的价值认可，也得不到足够的尊重，那请起身走人。去一个可以让你的才能获得欣赏的地方，否则你是在委屈自己。

你值得一份能给自己带来能量的工作，但这只有在你全身心投入时才可能发生。你遇到的那些困难和挫折，并不是要阻碍你达成目标。困难和挫折其实是你必须完成的训练，以此向这个世界证明你足够强大，能够接得住自己的梦想。请通过行动去证明，你已经百分之百地投入了，而这个时候困难往往会开始自行消退。

好的职业选择基于你的认知、技能以及能力。是否主动去发展这些方面,完全取决于你自己。你可能天生并没有什么优势,但你完全可以持续成长,突破自己原有的局限。如果你没有受到很好的教育,那就现在开始自学。如果你从破产或者债务中起步,那就接纳这个现实,然后努力探出自己的一条路。如果你身边都是贬低你、批评你、向你索取的人,那就离开他们,建立能给自己带来支持的新关系。请始终遵循真实、爱与能量的原则,你终究会吸引到同样的人。

别浪费时间找各种各样的借口了,那只会削弱你的能量。如果你真的想通过成长来突破当下的困境,那就别再假装脆弱。无论有多少困难挡在路上,你始终都可以发挥自己的能量,一个一个去解决。如果必须花几年时间才能达成自己的目标,那就花上几年。反正不管怎么样,时间都是会过去的,你不如把它用在好的方向上。几年之后,你将达成自己渴望的目标;或者,你也可以选择放弃。你可以选择把自己的时间投入在成长上,或者投入到囚禁自我的牢笼中。

职业与一体原则

你的职业选择实际上并不只关乎你自己。你做出的职业选择会给这个世界带来相应的影响,其实也就或多或少影响了其中的每一个人。从一体原则出发,你需要在更高层面上思考自己职业的影响。你能做什么，给这个世界带来一点积极的改变？你来到这世上，能够做出怎样的贡献？你的贡献是物质层面的？精神层面的？社会层面的？科学层面的？艺术层面的？道德层面的？或者，是用其他什么方式？

你所从事的职业，是你向这个世界做出贡献的最主要途径。你做出的选择，遵循一体原则吗？或者，你完全是在向他人索取，只为自己而活？不作恶是不够的，你要能够行善。

这些选择最终会影响到你身边的每一个人。如果你通过职业去做出贡献，那么你就在用行动鼓舞着他人也这么做；如果你遵循一体原则，那么你也是在帮助他人建立起这样的认知。这样的改变将有益于所有人，无论是从个体层面还是从世界的整体层面。

一些职业会让你把他人视为赚取金钱的工具，而不是真正的人。请远离这样的职业。不要接受任何非人性地对待你或者对待其他人的职业。要明白，如果你为一家公司工作，而这家公司的价值观偏离了真实、爱与能量的原则，那你其实也就偏离了这些原则，你也对最终的结果负有责任。请用更高的标准来要求自己，哪怕这意味着做出一些利益上的牺牲。

职业与主导原则

通过职业去做你认为真正有意义的事情。做自己人生的指挥官，而不是浑浑噩噩地活着。你付出自己的时间，别只是为了付账单，为了讨好老板，或者为了帮某个人赚钱。你付出的时间，应该能让自己和更多人变得更好。

选择遵循原则而生活，随之而来的一个结果就是：你需要承担，同时也能够接纳更多责任——自然也就变成了生活的主导者。这种主导性可能体现为某些外部结果，比如你成为一个公司里的管理者；也可能体现为影响他人的能力。不管是哪一种情况，这种遵循原则的、对人生的主导权，都是值得拥有的。同时，对我们每一个人来说，被真实、有爱而充满能量的领导者所指引，这也是一个明智的选择。相反，那些虚伪、冷漠或者懦弱的人也不可能成为好的领导者。

领导力其实有很多种体现形式，但真正的领导力一定是以原则为中心的。我们尊重那些坦诚真实的领导者，即便并不总是同意他们的观点；我们愿意与那些富有同情心、懂得关怀、为人善良的领导者建立联结；我们被那些在重要事情上专注、努力、自律的领导者所鼓舞。

建立起成功的职业生涯，这是一种权利，也是一种责任。你在职业道路上越掌握主导权，就越有能力为他人带来帮助，你能产生的影响也就越大。对于那些已然准备好的人，这是一种应得的荣耀。

职业与勇气原则

你内心真正向往的职业道路在哪里？让你感到有一点惶

恐，让你的内心翻腾，让你一直心心念念的职业是什么？那才是让你展露真实自我，让你与真实、爱和能量相一致的道路。如果你从来没做过任何一点能让自己有些恐惧、有所挑战的事情，那你就是对人生这场游戏太保守了，你会错过太多宝贵的机会。如果你的职业道路不需要任何勇气，那你毫无疑问走在一条错误的道路上。

如果你试图规避所有的风险，最终就只会让自己变弱。相反，如果你选择遵循本心的道路，那通常需要面对一定的风险。其中一些选择最终会使你受益，也有一些并不会。然而，如果你始终坚持清醒自主地做出选择，积累起来的长期结果几乎必然是积极的，在很多层面上都是如此。

在职业发展的道路上，我有过很多次认真评估之后的冒险。有时候我也会感到恐惧，但如果我相信自己是正确的，就会选择把恐惧抛开，鼓起勇气去行动。很多冒险最终都失败了，有些还让我陷入了破产和债务危机。然而也有一些冒险，最终结果远远好于预期，比如从游戏开发转向个人成长。整体来看，如果把所有失败和成功列在一张表上，长期结果其实是相当好的。我很喜欢自己如今的状态，随着现在的职业道路不断向前延伸，我也愿意持续做出清醒自主的冒险。我知道，如果想要持续成长，勇气是必须要有的。我不会在恐惧下仓皇而逃，相反，我知道自己必须直面恐惧。

冒险并不等于赌博。在我居住的拉斯维加斯，人们经常去赌场，然而对他们来说其实概率已经是确定的（输的概率更高）。除了少数幸运儿，对绝大多数人来说，他们玩得越久输得也就越多。从数学的角度来说，如果一个游戏从概率上对你是不利的，那你玩这个游戏的最理想次数是：0。

然而，如果你选择的是经过认真评估之后的冒险，那么本质上是在选择概率对自己有利的下注。当然，即便这样也不能保证每次都成功。有时候你可能下了一个重注，结果却输了，而这一输会把你打回几个月甚至更长时间之前的水平。但是，在你一生的时间里，能够承担起多少次这样的下注？答案是，你其实可以尝试很多次。即使你只占据微弱的优势，最终也可以赢足够多的次数，覆盖掉输局时的损失。还是从数学的角度来说，如果你知道一个游戏从概率上对你是有利的，那你玩这个游戏的最理想次数是：无数次。尽可能多去尝试，时间拉长来看，你玩的次数越多，赢的局数也会越多。

另一个值得考虑的因素是：如果你在赌桌上输掉一局，这并不会改变下一局里你输赢的概率，因为每一局的概率都是独立的。然而，如果你在职业道路上鼓起勇气做尝试，情况并不是这样。每次当你遇到失败，你也同时学到了经验；你失败过的次数越多，积累的经验往往也就越多。于是在之后的每一局里，你获胜的概率实际上在不断提高。

在很多事情上，成功概率看起来似乎很低，最主要的一个原因是：基数存在大量变动。不断有新人进入某个领域，几个月之内放弃，然后又有新人进入。他们尝试，他们失败，然后他们离开。他们缺少坚持下去的勇气，所以只是匆匆过客。但是，如果你坚持足够长的时间，往往就能够度过最初的艰难阶段，进入对自己越来越有利的长期阶段。因为你在不断积累经验和智慧。

我经常会见到这样一些人，他们热情满满地在家开始所谓的互联网创业。但半年之后再看，他们就已经放弃了。我想说的是，半年真的算不上什么。你可能需要投入几年的时间，才能度过打基础的阶段。我自己的网站在最开始半年只赚了167美元，而且我还是在全职做。算下来是17美分/小时，我很难称之为成功。在这种情况下，我们其实很容易选择放弃，很多人也确实是这么做的。但我选择持续学习，在实践过程中不断改进，这些付出最终得到了回报。

对于在职业道路上适当冒险这件事，你需要知道的是：从长期看，你能够掌控成功的概率。通过一次又一次的经验积累，你最终会搞清楚需要什么条件来把事情做成。每当人们问我一件事（比如写作或者在网上做生意）的成功概率时，我都会说："如果你练习跆拳道，有多大概率能成为黑带高手？"

初级菜鸟有多大概率成为黑带高手，这种问题有什么意义？答案可能只对统计数据有意义，但对你来说其实没意义。对你来说真正重要的，是下定决心去成为一个黑带高手。你自己决定这件事能不能做到。

如果你想在职业发展中取得出色的成就，就必须学会忍耐失败的存在。你必须有足够的勇气，去承担认真评估之后的冒险，去接纳过程中不可避免的挫折，并且不因此而一蹶不振。

你会丢掉一些筹码，包括一些甚至有 99% 的概率能赢的筹码。当这些情况发生时，是非常打击人的，但这些都是游戏的一部分。玩一场你知道必然会遭遇一些损失的游戏，没有勇气的人是不敢的。然而，别让几次失败把你压垮。保持清醒，始终做出当下最好的选择。

有时候，甚至破产的风险都是可接受的，前提是：你确定风险对应的回报足够可观，以及最坏的情况出现你也可以接受。其实破产真不是什么要命的事，我自己破产过好几回。让我感到惊奇的是，我发现钱花完并不意味着世界末日到了。我重新开始，继续向前探索，最终还是获得了成功。如果你真的下定决心做一件事，缺钱就不是一个能阻挡你的借口。你有没有足够的勇气，承担破产的风险去追求自己的梦想？

在职业这场游戏中，不要只是一味地追求钱。如果你把钱看作终极回报，那就很容易掉进各种一夜暴富的坑里，你会做出很多愚蠢的决定。即使你最终赢到了钱，这场游戏你其实也输了，因为你输掉了其他更重要的东西。职业的真正回报，是与之伴随的长久成就感。这意味着，你能做自己喜欢的事情，发挥自己的天赋和才能，享受随之而来的良好收入，并为这个世界做出一份贡献。这才是真正值得追求的回报。

不要在职业选择面前委曲求全，不要在梦想面前懦弱退缩。请鼓起勇气，去追求真正让你有成就感的工作，这远远好过一份虚幻的安全感。不要对物质过于依赖，以至于丧失了追求真正重要目标的勇气。在你离开这个世界的时候，身外之物都是带不走的,这些东西真的没那么重要。真正重要的是,你在这世上拥有过多少清醒自主的成长体验。这才是真正属于你的。

职业与清醒自主原则

如果想走上遵从真实本心的职业道路,你需要找到让自己遵循真实、爱与能量原则的方向。你需要关注以下四个方面的问题。

(1)身体(需求):我必须做什么?
(2)头脑(能力):我能做什么?
(3)心灵(欲望):我想要做什么?
(4)精神(贡献):我应该做什么?

只有在这四方面和谐统一的情况下,才可能拥有遵从本心的职业。这意味着,职业能满足你的物质需求,发挥你的能力,满足你内在的欲望,以及为这个世界做出一份贡献;这也意味着,你在身体、头脑、心灵和精神层面,都能够与真实、爱与能量的原则相一致。

用上面四个问题审视一下自己当前的职业。你很好地平衡了这四个方面吗?或者,你只满足了其中一部分?这份职业能给你带来足够的收入,让你免于负债吗?能充分发挥你的天赋和才能吗?你发自内心喜欢每天做的事吗?你是在做着自己认为有意义的工作吗?

当这四个方面和谐统一时,我们的动力是最充足的。如果某一个方面缺失,就会拖累其他三个方面。当初做游戏开发的时候,我喜欢每天做的事,也能发挥自己的才能。但最初几年里,我无法获得足够的收入,也并不能给这个世界做出什么贡献。后来我找对了方法,赚到了足够的钱,但精神层面始终是缺失的。正是这一部分的缺失,极大地限制了我能从这份职业中得到的快乐,让我无法最大程度地发展自己的能力,最终也阻碍了我在财富上取得更大的成功。这种情形就有点像在1～10分的区间里打7分,但最终发现其实就是1分。

当我转换到个人成长领域之后,我依然做的是自己喜欢的事情,依然能发挥自己的才能,这个时候我也开始能做出一些外部贡献了,这让我感觉很好。但是,我却没法很快获得足够的收入。不过后来这个问题也解决了,最终结果对我来说真的非常棒。

你也许需要付出巨大的努力,才能走上真正遵从本心的职业道路,但这些努力是值得的。当四个方面和谐统一的时候,产生的效应会很奇妙。你不仅仅是满足生活所需,而是体验真正的富足;你不仅仅是把知识用在某个任务上,而是发挥出自己的天赋;你不是忍受着日复一日的工作,而是真正享受自己在做的事;你不是虚度时光,而是把时间投入在人生目标的追求中。

如果你知道这四个方面现在是失衡的,怎么办?如果你没法马上对每个方面都做出改变,那该从哪里开始?答案是:在这四个方面里,心灵那部分最适合作为改变的起点。心灵方面的改变会带动其他三个方面。

如果你做自己真正喜欢的事,金钱迟早会来。在实际情况中可能没那么容易,但这个思路本身是有道理的。如果你一直坚持做自己喜欢的事,你会慢慢变得擅长。当你的水平达到一定高度,就能够为他人创造价值,而人们也将认可这份价值。这个时候,你就能为价值寻求合理的回报,于是开始获得收入。这个过程可能要经过好几年,但它能指引你到达一个理想的地方——而这一切的出发点,就是你做自己真正喜欢的事。

我们设想一下其他选择。

你也可以选择首先满足经济需求。然而,这很容易掉进一个陷阱:为了赚钱而做一份自己并不认可的工作。这个过程持续越久,你就在一件自己并不喜欢的事情上积累了越多经验。随着经验积累、职位升迁,你的收入可能会继续提高。但是,你并不快乐,你并没有做什么真正让自己有成就感的事。你在这条路上走得越远,你给自己挖的坑也就越深。收入带来的次要收益(见第 1 章)替代了你内心真正的渴望。

如果你发现自己正处于这样的状态,我只能很抱歉地告诉你:脱离困境的最好方式,就是让你的旧世界崩塌。把真实、爱与能量重新带入生活,你就会明白——无论有多少外部成就,都无法弥补你对真实自我的背叛。你的真实自我无法以一个价格被收买。

还有一个选择是,你先尽最大可能去做贡献,而不管其他方面。我把这叫作"用爱发电"。这些人想做到非常有爱，非常有同情心，但他们没有付出足够的努力去发展技能，让持续贡献成为可能。他们高度遵循了爱的原则，但他们的能量太弱了，这反过来限制了他们做出贡献的能力。结果他们不得不搁置自己的远大目标，因为要辛苦赚钱糊口。如果你想改变世界，请选择一种更有效的方式。如果你连自己的基本需求都无法满足，那也很难为任何人带来帮助。

最后一种选择是，你把发展自己的技能放在首位。但这也很难行得通。你可能变得在某件事上特别擅长，但你其实并不喜欢，又或者无法满足生活需求，而这最终会让你偏离真实的自我。比如在我看来，父母逼迫孩子选择某个职业（比如医生或者律师）仅仅因为这是父母自己认为的好职业，这种做法大错特错。这个世界不需要更多不快乐、没有成就感的医生和律师了。

这世上没有什么比真正的快乐更重要。你做自己真正喜欢的事情，破产流浪，在公园椅子上办公，也好过把自己的灵魂卖掉，去换一堆钞票。而且好消息是，如果你始终选择遵从本心的道路，最终大概率不会过得太差。你会从事一份给他人带来价值的职业，而这正是创造财富的源头。

———

如果你想拥有满意的职业，就必须清醒自主地做出选择。你不能只是盲从他人，漫无目的地游荡。请不要妥协。如果你发现自己走在了偏离本心的路上，那就选择离开，越快越好。有人可能会跳出来反对，但一些年之后，你会看到一些有趣的事情发生。当初那些跳出来反对的人，开始回过头来找你，向你请教怎样才能实现你做到的那些事情。人们在你做出改变时变得愤怒，往往是因为，你的改变让他们意识到自己在逃避的问题。你会变成一个榜样，激励那些希望像你一样有勇气的人。这是真的，哪怕最激烈的反对来自你的家人。

如果你无法立刻找到理想的职业，别对自己感到失望。做到自己能做的最好，始终做出清醒自主的选择，最终你会达成目标的。遵从本心的道路并没有某个固定的目的地，这是一个持续一生的旅程。

接下来，让我们把目光转向个人成长的另一个方面，这也几乎是人们误解最多的方面：金钱。

第 10 章
Personal Development for Smart People

金 钱

贫穷所致的堕落,不易改变。

——尤维纳利斯

不可否认的是，金钱在我们的生活中扮演了很重要的角色。然而，这究竟是一个怎样的角色？金钱是邪恶的吗？或者，它可以帮助我们更加清醒自主地生活？奉献和索取哪个更好？贫穷比富裕更能启发人的智慧吗？

即使在高度清醒自主的群体中，金钱也是一个很有争议、观点分化严重的话题。对于金钱，社会给我们灌输了太多相互矛盾的观点，也难怪人们会感到如此困惑。正是对金钱的困惑，导致我们经常割裂地看待它。金钱好像变成了某种自成一体的东西，有其自身的独特规则和奥秘。实际上，我们把金钱看成了一种需要特别对待的东西，把它和生活中的其他事物隔离开来，好像唯恐它会影响我们的生活。

跟很多人一样，我从小就接收了很多矛盾的金钱观。但是，我也看到了很多事实，证明金钱本身是好的。客观来说，财富是很重要的，金钱确实可以带来很多好处。钱让我们可以买食物、买衣服，买房，买车，接受教育，体验科技，享受娱乐，获得医疗救治，等等。除了社会提供的这些东西，对我们自己来说，有钱也意味着有解决问题的能力。钱当然不能解决所有问题，有时候它还会带来问题。但我们可以公平地说，钱确实是一个解决问题的利器。励志演说家厄尔·南丁格尔曾经就说："在金钱能起作用的领域里，没有什么东西能比金钱更好用。"

然而，对于金钱，我也有一些不喜欢的方面。从直觉上，金钱这个东西让我感到空虚、感到缺乏意义。我不喜欢金钱被用作某些特权的门槛，比如高质量的医疗、健康的食物，或者良好的教育。我也不喜欢一些人为了钱去做低劣的事。有些时候，我也会被那些巨富所取得的成就而打动，但其实他们中一些人获取财富的方式让我感到厌恶。

你内心是否也会有类似的矛盾？如果有，绝对不是只有你这样。这种内在矛盾正是社会观念影响的产物。一些人告诉我们，钱是非常重要的；但另一些人又告诉我们，钱并不重要。你不妨观察一下，看看假期时会出现的这些情形：商家们劝我们消费、消费、再消费，他们说钱花得越多度假就越快乐。但是，你也许看了《生活多美好》这部经典电影，它告诉我们——要把钱存起来为以后做打算，人与人之间的关系远比钱重要。所以，到处都充斥着矛盾的观点。

社会上关于金钱的观点，也影响着我们与他人的相处。你会因为他人的经济状况而对其持有怎样的预判？对于一个富有的人，你会有什么想法？对于一个破产的人，你又会有什么想法？如果跟一个收入是你10倍的人约会，感觉会是怎样？如果换成收入是你1/10的人呢？

社会各方对金钱五花八门的观点，让很多人最终得出一个结论：金钱本身就是问题所在。或许如果世上压根没有金钱，或者把它在我们生活中的比重最小化，这样生活反而会更好。如果金钱真的是清醒自主生活的阻碍，最明智的选择不就是远离它吗？那么，你应该放弃自己所有的资产，然后住到山洞里去吗？

抛开我们被灌输的各种观念，真相其实是：金钱并没有什么特殊法则。实际上，金钱也遵循真实、爱与能量的原则，就像你生活中的其他方面一样。把金钱单独拿出来对待，这是一种误解。在这一章，我会跟你分享一个看待金钱的完整视角——既符合直觉，也符合逻辑。

金钱与真实原则

钱是什么？钱本质上是一种社会资源，最基础的社会资源。钱本身并没有价值，我们通过社会共识赋予其价值。如果你有 100 块钱，就可以从社会上换取对应价值的东西。这件事行得通的前提是，我们所有人都同意这 100 块钱具备价值。相反，如果我们都认为这 100 块钱没价值，那它就会变得没有任何价值。

钱并不是最完美的价值载体。任何东西的价值，包括钱本身的价值，都是由社会共识决定的。这个共识可能是两个人之间达成的，比如你从另一个人那里买东西；也可能是很多人之间达成的，比如你在市场上买卖一家公司的股票。

你可以选择从这个社会共识中退出，虽然这么做会带来很多问题。对大多数人来说这可能不现实，但这个选项确实存在。如果你在选择退出的同时还需要使用社会资源，那就得建立一套自己的规则，比如使用以物易物或其他交换形式，或者找到愿意无偿资助你的人。

对我们大多数人来说，金钱这个社会共识确实太方便了，所以没办法忽视它。目前存在的金钱系统还不完美，但总比我们自己以物易物高效多了。通过给金钱赋予价值，并使其能够在人与人之间流通，交易最终变得足够简单。我们可以购物花钱，可以工作赚钱。通过共识机制，所有这些都可以被金钱有效地衡量。甚至，金钱本身也可被赋予价格，有过负债的人一定深有体会。

金钱是社会信用，是一种衡量标准，它让我们能够换取特定数量的社会价值。你拥有的钱越多，你有权享受的社会资源就越多，你能够换取到的资源也就越多。

现在我们思考一下，赚钱这件事到底意味着什么。因为钱背后是社会资源，所以赚钱实际上就是赚取更多社会资源。花钱的时候，你把钱转化成价值；赚钱的时候，你把价值转化成钱。

赚钱有很多不同的方式。比如，你可以售卖自己拥有的东西。把一个东西卖给想要的人，你就可以收到相应数量的钱。再比如，你也可以低买高卖赚取差价。很多公司在全世界范围内挖掘资源，然后出售获得利润；对个人来说，也可以进行商品、股票、期货等各种形式的交易。有些时候，价值确实在流转过程中有所增加；也有些时候，人们通过市场的无效性赚钱，即一方通过不公平的交易获得更多回报。

最常见的一种赚钱方式，可能就是出售自己的时间。找一份工作，用自己的时间来换钱。你通过劳动传递价值的能力越大，也就越能获得高收入。每小时 25 块钱的工作和每小时

250块钱的工作，区别在于后者能创造更多的社会价值。这并不是谁的错，只不过社会对不同工作的价值是有共识的。请注意，绝对价值和社会价值是有区别的。顶尖的运动员可能并没有产出什么"有用"的绝对价值，他们的收入其实是基于其创造的社会价值，而这个价值实际上相当高。

还有一种赚钱方式，就是建立一个能产生收入的系统，比如开一个公司。这是我个人最喜欢的方式，因为比出售时间的效率高多了。长期来看这还是风险更低的模式。拥有并管理一个自己的收入系统，比给别人打工有保障多了，因为后者你可能被解雇。

你也可以用钱赚钱。比如通过投资，你可以获得利息、分红或者增值收益。

目前为止，我们讲的都还只是常识。但奇怪的是，人们经常容易忘记简单的事实——钱是人发明出来的工具，目的是交换价值。把金钱看作邪恶的东西，或者故意轻视它，实际上是对金钱的严重误解。如果我们遵循真实、爱与能量的原则，金钱就应该是支撑我们清醒自主生活的有效工具，而且是一个很重要、不应被忽视的工具。如果你想真正清醒自主地生活，就必须懂得明智地使用金钱。

金钱与爱原则

爱原则意味着，我们可以在更高的层面上与金钱建立联结。我们尝试这么做，看看到底会发生什么。

赚钱有两种最基本的形式：

（1）做出有意义的社会贡献，获得与之价值对应的金钱回报。

（2）不产出任何实际价值，通过市场波动赚取金钱。

第一种选择具体包括：从事一份工作；开一家公司，提供有价值的产品或服务；为商品添加价值然后出售；在以上任何一项中进行投资。

第二种选择具体包括：赌博；乞讨；各种犯罪活动；低买高卖，不增加任何价值；在以上任何一项中进行投资。

以上两种赚钱形式，还可以简单概括为：

（1）贡献。

（2）索取。

只要你没有彻底退出金钱这个系统，就一定正在使用上面的一种或者两种方式赚钱。然而，其中必然有一种是在你的生活中占据主导的。要么你是在创造真正的社会价值，并获得公平的回报；要么你是在索取别人创造的价值。

整个金钱系统运转的必要条件是贡献，而不是索取。索取者得以生存的唯一原因，是他们从贡献者那里抽取了价值。但归根结底，必须有人在做贡献，否则就不存在价值供索取者获得。除非你能找到某种彻底自给自足的方法，否则你肯定需要从外部社会取得价值，比如食物、衣服、住所。关键的问题是：相对于获取的价值，你是否给社会提供了公平的回馈？

一些索取是合情合理的，没有能力贡献价值的人需要向有能力的人索取，比如小孩子向父母索取。只要我们享受着他人的劳动成果，同时又没有支付回报，我们就是在索取。我们每个人其实都在索取着先辈的努力成果，但最终我们需要做出选择：是永远索取下去，还是为这个世界做出自己的贡献。

毫无疑问，你的人生中必然会有一定程度的贡献和一定程度的索取，但哪种是你最主要的赚钱方式？你是在创造真正的社会价值，还是在索取其他贡献者的劳动成果？请注意，如果你在为一个组织工作，那么你也就是在遵循这家组织的赚钱方式。你在为什么人工作，索取者还是贡献者？这个大方向上的问题也不应该被忽视。

索取型思维

选择索取型的赚钱模式，意味着你获取的社会价值超过自己的贡献，你更在乎得到什么而不是给予什么，所以你从社会大系统中得到的比给予的多。索取型思维告诉你，你可以选择少付出，让别人为你的懒惰埋单。这是一种崇尚不劳而获的生活态度。你需要获取食物、衣服、住所——都是别人创造的价值——于是你是在消费他人的劳动。你本质上是社会的一个负担，而这个负担最终可能由某个人承担，比如你父亲、母亲；或者，也可能是被社会整体分担。但不管哪种情况，你实际上都在消耗他人。

索取行为有时候很常见，以至于人们很容易意识不到它。很多人觉得自己是在做一份有贡献的工作，实际上背后却是索取型思维。他们希望自己获取的比贡献的多，比如律师通过虚报工时赚更多钱，CFO通过财务造假抬高公司股价，员工在工作时间做私活……这些都不是真正的贡献者会做的事。所以本质上，索取大多是一种变相的"盗窃"。

绝大多数人在本性上是无法认同这种"盗窃"的，所以索取型思维最终往往会带来自我损害。如果你掉进了索取的陷阱，会变得对金钱又爱又恨。一方面，你希望赚到更多钱；另一方面，你或许会感到不愿做自己正在做的事。因为你也知道，自己每多赚一块钱，都意味着有人要付出这一块钱的代价。

然而追本溯源，这世上必然有人做出了真正的贡献，来承载你赚到这些钱的价值。对于一个高度清醒自主的人来说，这显然不是一种让人感到有动力的赚钱方式。如果想用这种方式赚钱，本质上你需要偏离真实的自我，并在自己和他人之间筑起一道墙。

一些人选择容忍这个自我损害的问题，把清醒自主意识降低，偏离爱的原则。他们学会了只管赚钱，而对赚钱方式本身存在的问题视而不见。他们找各种理由为自己的行为辩护，蒙蔽自我从而逃避真相。比如，一个汽车销售员可能会给不懂行的客户报格外高的价格，他通过这种方式赚到了更多钱。但实际上，他放弃了做一个坦诚的人，放弃了与客户建立更好的联结。选择索取型思维的同时，他偏离了爱的基本原则。

这世上有一小部分人，他们可以做到保持索取型思维，同时还不降低自我认知。他们的做法是：把爱原则仅仅理解为对自己的爱。然而，这实际上又偏离了一体原则——违背了共情、悲悯、坦诚、公平、贡献、联合所有这些重要的方面。罪犯们为了自己的利益故意伤害他人，实际上遵循的就是这种思维。

除非你能做到彻底违背自己的良知，否则，如果你通过索取型的方式获取财富，就很难与清醒自主的人生相兼容。索取型思维会让你不断思考"我怎样才能赚到更多钱"，而不是"我怎样能为这个世界创造更多价值"。你越清醒自主、越心怀爱，就越难选择用这样的方式获得财富，因为你的收入代表着其他人的损失。于是，正如前面所说，那些选择了索取型思维的人，最终往往掉入了自我损害的陷阱。至于解决方案——要么，选择违背自己的良知；要么，选择放弃索取型思维，拥抱贡献型思维。

贡献型思维

现在我们来看看贡献型思维，这种思维认为：获取财富的最好方式是创造价值，然后换取相应的回报。你创造实实在在的社会价值，然后赚取相应的报酬。市场具有波动性，有时你提供的价值会被低估，有时则会被高估；但核心是不变的，你获取财富的基础是贡献价值。

如果你想通过贡献价值来赚钱，就必须能够提供社会价值，而不是个人价值。个人价值是由你自己决定的，你可以认为某个东西对你有价值，但如果其他人都不同意，那还是没用。相反，社会价值则取决于社会共识。如果你认为自己的工作有巨大价值，然而除了你之外没有人同意这一点，那你做的事可能有比较高的个人价值，但并没有什么社会价值。让我再强调一下关键点：你的收入取决于你从事工作的社会价值，而不是个人价值。

如果你想通过工作获得收入，就必须创造社会价值，这一点毫无疑问。没有社会价值也就意味着没有收入。如果你的技能和努力不符合社会价值，那么即使你是贡献者，也依然无法获得多少财富。

实际上，这并没有什么不公平。金钱本身就是一种社会资源，背后承载的是人们共同认可的社会价值。所以，如果你提供的是对人们没多少价值的东西，那肯定也就无法获得报酬。大家常说"找到一个需求，然后满足这个需求"，其实是有道理的。

比如，我的网站就在一定程度上提供了社会价值。你我作为个人怎么评价它的价值，实际上不会影响其商业价值。这个网站能产生不错的收入，是因为很多人都认为它有价值，这就形成了一种社会共识。如果它没有提供社会价值，也就不会有商业价值。

贡献型思维也有另一个名字：富足思维。这种思维认为，财富可以通过思想和行动创造出来。你的收入是你创造社会价值的反映，而如果想赚到更多钱，就需要创造实实在在的价值。最终，你创造的价值越大，赚到的钱也就越多。这本质上是一种双赢思维，因为你把价值带入了整个社会系统，而这份价值能够让其他人受益。

在贡献型思维下，金钱是你为社会做出贡献而得到的回报，这份钱背后其实是社会认可：社会获得了你创造的价值，所以给你相应价值的金钱，于是你有权在未来用这份钱在社会上换取自己想要的东西。这是一件很美好的事。

你获取财富的唯一限制，是自己创造社会价值的能力。如果你想赚更多钱，那就学习技能，提高自己的能力，创造更多社会价值。专注于给予，回报往往会随着时间自动显现。整个社会系统会为贡献提供奖励，而你需要做的就是把价值提供到市场上。

通过社会贡献获得收入，这是一种非常棒的体验。与索取型思维不同，这种思维不会拉低你的自我认知。在贡献型思维中，财富和清醒意识并不是矛盾的。实际上，两者之间能够很好地相互促进。如果你能拿出一部分收入来提升自己做出贡献的能力，这种促进效应还会更加显著。

如果你接受贡献型思维，那么需要注意：秉持索取型思维的人，有时会误认为你也是他们中的一员。你不断提高自己的贡献能力，从而获得越来越高的收入，他们会用自己的价值观来衡量你，认为你肯定也是从别人那里索取了很多。

别让他们把你引入歧途。尽管去创造更多价值，别让一部分人的误解阻碍了你的道路。

在贡献型思维下，你永远都可以选择无私地给予（也就是说，你可以创造社会价值，并且无偿地分享出去）。这种给予并不一定换取回报，因为你并不想要什么回报。我个人喜欢做这样的分享，因为这意味着原本负担不起的人也可以读到我的文字。我在自己的网站上投入了大量时间和精力，所以这对我来说肯定是有成本的。但是，因为我擅长技术，可以把运营成本降得很低，所以让免费分享成为可能。

我强烈建议你主动选择贡献型思维，因为这种思维是与爱原则相一致的，而索取型思维则恰恰相反。请不要为了钱牺牲你的人性，永远不要把别人看作赚钱的工具，多少钱都无法弥补这种错误的代价。请用爱的方式分享真正的价值，这会给你带来充足的财富，同时增强你与这个世界的联结，还有你自己的良知。所以，你其实完全可以获得想要的财富，同时又不必牺牲自己的良知。你唯一需要做的，就是选择贡献型思维。

金钱与能量原则

能量原则意味着，你需要对自己的财务现状全权负责。如果你不喜欢现状，希望变得更好，那是否做出改变也取决于你。你可以把命运交给别人，但承担责任的依然是你自己。你就是最终承担自己人生的那个人。

很多个人成长方面的书籍提倡，我们要设定清晰的财务目标，要提前想好自己想赚多少钱，想有多少存款。我以前经常给自己定这类目标，有时候能达成，但很多时候都达不成。最终我明白了一件事：如果想设定真正有意义的目标，就必须基于我们内心最深处最真实的欲望。如果一个目标不能让你感到充满能量，那这个目标其实就没太大意义。

我很认真地思考过金钱这个东西，最终发现：赚到某个具体数量的钱，这件事没法激起我的兴趣。一百万美元对我来说没有太大意义。如果把太多注意力放在具体金额上，我就把自己的能量交给了金钱，而不是发挥自己的能量去驾驭金钱。金钱会变成我的主人，而不是为我服务。所以，我后来不再关注具体的财务目标，而是直接去关注金钱到底能带来什么。金钱让我能自由地旅行，于是我就直接去设定旅行目标；金钱让我能买更好的房子，于是我就直接设定更好房子的目标；金钱让我能为这个世界做出更大贡献，于是我不再把金钱视为某种终极所有物，而是让更多的金钱在生活中流动起来。

事实上，你并不是一定要在银行里有多少存款或者达到某个收入水平，然后才能去追求自己的目标。你其实有数不清的方法去追求想要的东西，而很多方法并不需要太多钱。甚至，这世上还有身无分文却依然周游世界的人，你是因为什么做不到呢？当你预先把金钱视为追求理想的阻碍时，你就已经削弱了自己。如果你真的非常想做一件事，那就直接把它设为目标。往前走，目标会指引你赚到钱，指引你到达目的地，或者最终发现这条路行不通。但无论如何，当你想追求某个目标时，别默认金钱是必要条件，这种思维会让你的视野变狭窄，会阻碍你的创造力。

　　金钱本质上是一个交换载体，所以它只有流动起来才有能量。银行账户上的一串数字本质上没什么价值。金钱的价值在于交换，而不在于占有。赚钱的时候，你创造价值；花钱的时候，你换取别人创造的价值，同时也激励他们创造出更多价值。有一定的积蓄是必要的，但你也一定要明白，积攒下来的钱终究还是会流出去的。如果不是在你生命的过程中，那就是在你的生命结束之后。

金钱与一体原则

　　获取金钱的最好方式，就是做出实实在在的贡献，做让所有人都受益而不是只对你自己有好处的事。把个人的财富创造跟这个世界的整体福祉结合起来。问问你自己：如果我停下自己所做的事情，会有人感到深深的惋惜吗？如果我的事业失败了，会有人悲伤流泪吗？如果答案都是否定的，那你很可能并没有走在一个正确的方向上。

　　清醒自主地创造财富，最基础的方式是贡献社会价值，然而这种方式并不一定能成功。专注于社会价值的一个问题是，你的个人价值可能没有很好地与社会共识匹配一致。如果你只是创造社会价值，但个人价值得不到满足，你的动力就会被削弱。你会感到缺乏激励，因为你在做应该做的事，而不是想要做的事。相反，如果你只是满足个人价值，但没有创造任何社会价值，又会陷入所谓的"饥饿艺术家综合征"——你确实在做自己热爱的事，但问题是没钱买面包。

解决办法是，寻找个人价值与社会价值的重合点。在这个重合点上工作，你可以做自己喜欢的事，同时还能创造他人需要的价值。别强迫自己在理想和金钱之间二选一，其实你可以兼顾。

社会价值和个人价值会不断波动，请学会适应这一点。在开游戏公司的最初几年里，我充分满足了自己的个人价值，然而并没有创造什么社会价值。于是，我热爱这份事业，但赚不到什么钱。一些年之后，我终于达到了一种平衡状态，既喜欢自己做的事，同时也能从中获得不错的回报。再后来，我的个人价值发生了变化：开发游戏依然能创造社会价值，但这件事已经不再能激励我了。最终我决定转换职业方向。

如今，我在个人成长领域的工作创造了很高的社会价值，同时很好地满足了我的个人价值。于是，我能够在这个领域获得很好的收入，同时非常享受这份工作。让个人价值与社会价值相一致，这件事其实很重要。如果你想在人生中通过清醒自主的方式获取财富，这两个方面都必不可少。

除非你是个极其难以变通的人，否则，找到既能贡献社会价值又能满足个人价值的事情，这并不是不可能的事。如果你花心思认真想想，这个问题应该是可以解决的。通常来说，为他人提供价值的最简单方式，就是分享你自己热爱的东西。我喜欢研究个人成长，但这件事本身并没有给他人带来什么价值。然而，当我把自己做的事情分享给别人、把学到的经验教给别人时，这件事就开始产生社会价值了。最终，我通过互联网把这些东西分享给全世界成千上万的读者，于是这件事提供的价值就无数倍地放大了。每当你找到一件对自己有价值的事情，你就有机会把它分享给更多人，从而获得金钱回报。这件事并不简单，但绝对值得去做。

金钱与公平

清醒自主地获取财富也意味着，要符合一体原则中的公平性。如果想要持续贡献价值，很重要的一点是你的贡献能获得公平的回报。如果你做出贡献，就理应获得回报。有了这种"贡献—回报"的机制，社会大躯体才能保持健康，而其中的每一个小细胞也才能良好地运转。相比贪婪或者过度自我牺牲这两种极端，公平是更好的价值选择。

我自己花了很长时间才明白：在金钱这件事上，公平性至关重要。在很多年里，我都陷在过度自我牺牲的一边，相信不求回报的付出是高尚的。然而，在很多年的努力之后，我并没有做出什么成绩。我把价值提供出去，其他人则理所应当地接受。结果就是，我破产了，而破产最终降低了我为这个世界做出贡献的能力。

与此相反，我也看到很多人陷入贪婪的一边。他们通过掠夺他人获取财富，但这种行为实际上是对人性的巨大损害。无论利益多么诱人，我知道自己永远都不可能走这条路。我经常想,如果自己的财务状况更好一些,至少不再为生计发愁,那么我能为这个世界做出怎样的贡献呢?最终我想明白了,一定还存在第三条路——这条路是公平的,与一体原则天然一致。

我承认,自己现在还是经常会在过度自我牺牲这件事上犯错,在这方面我还有很多东西要学。这种价值观是我在人生早期就形成的。但如今我明白了,过度自我牺牲是一种非常错误的做法,而且与一体原则恰好相反。我越来越清楚,为了让自己的贡献能够持续,我必须让自己付出的价值获得公平的回报。

如果一个组织在遵循不公平的管理方式,那结果就必然是非人性的。如果你是在为这样一个组织工作,那你就不只是自己屈服于被不公平对待,而且还是在助纣为虐。请别做这样的事。如果你在被不公平地对待,那是否要重新回到真实、爱与能量原则的轨道上,这需要你自己来做出决定。

金钱与主导原则

你怎样创造出足够多的价值,从而获得自己想要的金钱回报?你自己是指挥官,这是你需要做出的决定。如果你当下采用的方式是无效的,那就需要做新的尝试。反复问自己两个问题:我怎样才能创造并传递更多价值?我怎样才能提高自己创造价值的能力?找到答案,然后付诸行动。

在人生的初期,我们没有多少可以创造社会价值的技能。

我们可以提供体力劳动，但这样创造的价值有限，也很容易被替代。如果想创造更大的价值，我们必须投资自己，发展自己的技能，提升自己的能力。如果你想获得更多财富，就需要训练自己，从而创造更多社会价值。你可以借助于各种教育资源，但永远别忘了，你才是为自己的学习负责的人。如果过去没得到足够好的教育，你自己就是决定是否弥补这个不足的人。

持续发展自己的技能，直到自己有能力做出更多贡献。你现在可能处于劣势，但这并不应该成为借口，因为你完全可以选择每天进步一点点，最终量变带来质变。如果你从现在就开始行动，五年之后，你可能会实现今天想都不敢想的改变。

为了能像今天这样创造价值，我已经在个人成长这个领域投入了几千小时。身边的一些人从高中开始就不怎么学习了，而我选择了去获得大学学位，拿全A成绩，还自学编程，等等。大学毕业之后，我又陆续读了各种领域的几百本书，参加很多线下研讨会和工作坊，让自己不断学习。在我看来，学习是一辈子的事。如果你想成为一个能持续创造价值的人，就必然要终身学习。

如果你认为大多数人都不会做这样的终身学习者——实话实说，你是对的。提升创造社会价值的技能，这并不是一件容易的事，但付出这份努力的人也确实会得到回报。不仅仅是金钱回报，更多的是通过创造性的自我表达而得到的内在回报。

请注意，要确保自己学到的东西是具备实用价值的。很可能有这样一种情况，就是你学习的技能只是自己感兴趣，但没有其他人愿意为之埋单。学自己感兴趣却没有商业价值的知识，这本身并没有错。只是，如果你选择了这么做，那就别抱怨没有人给你付费。

找到个人兴趣和社会需求的重合区域，在其中充分发挥自己的主导权，这会让赚钱变得更容易。十几岁的时候，我很喜欢玩电子游戏。那时我也许可以做一个游戏测试员，但这样的工作收入太低了，所以我不认为这是个好选择。但与此同时，我觉得游戏开发也许是件有趣的事。这件事能创造更多社会价值，所以我最终从中获得了不错的收入，虽然那时我还是个学生。

如果你现在找不到个人兴趣和社会需求的重合区域，那就多做一些尝试，别轻易委曲求全。坚持下去，你最终会找到正确的方法。如果你能通过做喜欢的事而获得丰厚回报，那你甚至会变得更加喜欢这个工作。作为过来人，我可以负责任地告诉你：做一份能赚到很多钱的工作，比辛苦劳动却陷入负债好太多了。

金钱与勇气原则

永远不要等着别人来了解你的技能值多少钱。如果你让别人来决定你的收入，那结果大概率就是价值被低估。你应该做的，是主动去争取自己想要的回报。如果你提出的价格是合理的，你确实能创造对应的社会价值，那么会有人埋单的。

在争取回报的时候，不要胆怯，因为胆怯代表着你并不相信自己提供的价值。如果你真的配不上自己要求的回报,那就别这么要求,等自己准备好了再说。但是,如果你知道自己能贡献足够的价值,那就尽管鼓起勇气要价。直截了当就好,只不过你这么做一定要有充分的理由。

你可以用本心问题来指引自己,找到那些遵循成长原则,同时能获得收入的好机会。问问自己:这个选择是遵从本心的吗?如果答案是否定的,那就换个方向,把时间和精力投入在其他地方。把人格放在首位,金钱放在其次,你应该有这样的勇气。请听从自己的良知。如果你感觉不对,那就是不对;感觉不好不坏,实际上还是不对。永远别追逐那些偏离自己本心的东西。

即使你已经走在遵从本心的道路上,保持正确的方向依旧需要勇气。有时候你需要反击恶人,这种事情是不幸的,但确实有可能发生。我很高兴的一点是,虽然我成年以后绝大多数时间都在做生意,但我从来没有过跟什么人对簿公堂。当然,也有过一些时候,我感觉确实有必要做出防卫(比如黑客攻击我的网站)。即使你尽自己最大努力、真诚地帮助别人,也难免遇到一些为了自身利益而不择手段的人。如果你知道自己走在遵从本心的道路上,那就别让这些问题变成继续前进的阻碍。恢复元气,继续前进。

如果你一直在致力于帮助他人,有时候会收到意料之外的支持。有很多次,黑客主动发邮件给我,指出我的网站存在什么漏洞,并主动提供改进建议。黑客没有利用他们的技术攻击我，反而主动保护我。我发现，越是遵循真实、爱与能量的原则做事，生活中就越会出现更多好意，而我也就越多地获得各种意料之外的支持。如果你坚持遵从本心的道路，似乎整个世界都会开始帮你。

金钱与清醒自主原则

我们生而为人所拥有的清醒意识，是财富的终极源头。通过创造性的自我表达，你能够为他人提供大量价值，从而获得自己想要的金钱回报。不要把目光放在怎么赚钱上，而要专注于怎样创造并传递更多价值。在这个过程中，大量资源会向你涌现。真正的财富源于内，而不是源于外。

通过持续做出清醒自主的人生选择，你能够持续提高自己的能力，创造更多社会价值，进而获得更多金钱回报。但是，如果想实现这一点，你需要最大程度地进行长期价值的创造，而不是短期利益的索取。别被最低处的果实诱惑，去探索人生中那些更有价值的机会，那些才是真正激励你、让你成长的机会。

如果你感觉必须违背真实自我才能赚到钱，就说明你已经走在了错误的道路上。别贬低自己甚至他人，去做一个虚伪的自己。相反，如果你能向这个世界创造性地、全然真实地表达自我，在这个过程中你会为他人带来实实在在的价值，最终也一定能够满足自己的需求。

我每个星期都会收到一些商业合作的邀请，这些合作能让我赚很多钱，但需要我做一些违背真实、爱与能量原则的事情。比如，我可以在网站上推荐一些实际上没什么用的产品，这样每个月就能多几万美元的收入。一些商家已经把宣传内容都准备好了，我只需要署上自己的名字然后发出去。然而，我总是会毫不犹豫地拒绝这些合作。遗憾的是，这世上有很多人相信商业的全部目的就是赚钱。实际上，这是一种非常错误的哲学。商业的真正意义在于创造并传递价值，让所有人受益，而不是损人利己。

那么，捐赠这件事怎么样？把收入的一定比例捐给慈善机构，这是个明智的选择吗？我每个月都会把一部分钱捐出去，已经坚持很多年了。但这部分钱金额并不大，对我来说也没什么。如果真有一个慈善机构，他们在做的事让我觉得足够重要，值得我把自己的很多钱都捐给他们——那我会选择直接去做他们这件事。目前为止，我自己能找到的做出贡献的最好方式，就是把自己当前的事业做好，而不是把钱交给某个慈善机构。但就像前面所说，我依然会定期做一点捐赠，用于那些我认为钱能被正确利用而我自己又没能力做的事情上。

当你把自己的财务状况打理得足够好之后，就有能力做一些并不是为了赚钱的事情了。我的网站上运营着一些很受欢迎的论坛，全世界有成千上万的人来浏览。虽然我需要花费很多时间甚至花钱去进行维护，但我并不通过这些论坛收取任何费用。从赚钱的角度来看，这些论坛可以说是完全失败的产品；然而，这里也提供了很有价值的公共服务。人们经常跟我反馈，说这些论坛给他们带来了怎样的帮助。虽然不会产生什么收入，但我很愿意继续提供这些服务。在我眼里，这些论坛是成功的，因为能够帮助人们实现成长。

在得到公平回报、没有陷入过度自我牺牲的前提下，如果你创造的价值能高于收取的价值，多出来的那部分价值就会流动出去，让这个世界变得更好。这种美好的付出最终会被看到，因为它很稀缺。人们会愿意把你介绍给他们的家人、朋友、同事……于是帮你链接起源源不断的资源和机会。无论你是自由职业还是在一家公司工作，这种影响都会体现出来。

索取更少、给予更多，这实际上是一种清醒自主的人生选择，而且毫无疑问会推动个人成长。我就是这样一步一步把自己的网站从无到有做起来的。我创作了很多内容，足够装下20本书，但一分钱都没有收。我创造出的这些价值，最终被广泛地传播了出去。这些内容是足够有价值的，完全可以收费，但我最终还是决定以免费的方式去分享，这也最大化地推动了我自己的成长。有趣的是，尽自己的最大努力去创造价值，很快你就会发现，人们将排着队为你付费。

——

如果你想获得财富，同时又不降低自己的底线，就需要让自己的收入遵循真实、爱与能量的原则。如果你在为社会做出有价值的贡献，那就理应获得回报。然而，回报并不会自动发生。你需要清醒自主地创造条件，坚持遵从本心的方向。

我以前觉得，需要拥有某个具体金额的资产才能感到安全。但现在我明白了，安全感并不是某个数字带来的。我们生活在一个快速变化的世界，即使你手上攒了很多钱，也并不知道未来这些钱还有没有价值。钱可能丢失，可能被偷，货币本身也可能出问题。真正的安全感是清醒的自我意识，是我们有能力遵循真实、爱与能量原则而生活。这不只是某一个人的事，而是关乎所有人的事。生而为人，我们真正的安全感源于清醒自主的意识。幸运的是，这也就是我们需要的所有。

听起来可能很奇怪，但对我来说，找到财务安全感的最简单方法，是坦然接纳自己确实存在破产、身无分文的可能性。未来有太多的不确定性，我并不知道自己会有怎样的结局，我甚至都不知道自己能活多久。所以，我必须接受一个事实：无论自己做什么，人生的结果都是不确定的。最终我坦然接纳了这一点，因为我明白了：自己能做的最好，就是在每一个当下做出清醒自主的选择——选择遵循真实、爱与能量原则的生活。这就是我对自己的全部要求。

我从来没想过所谓的退休，我愿意一直工作到死亡到来的那一天。如果在某个时间点上，我用光了自己所有的资源，已经没有钱来满足自己的基本生活需求，那我希望在世界的某个地方，有曾经从我这里获得过很多价值的人，可以在我人生最后的日子里伸出援手。但即使这一切没有发生，我也可以坦然接受，因为我知道自己清醒自主地活过了这一生。如果因为某些原因，我的人生在困苦中结束，那就这样吧，没关系。我已经活得很值了。

有趣的是，当我放弃了对具体金钱数字的执着，坦然接纳可能发生的最坏情况，结果却是——那些原本被恐惧、担忧、焦虑所占据的能量被释放了出来，重新注入我的生活，最终让我获得了比以往更多的财富。或许，通往财富的最好方法，就是释放自己对贫穷的恐惧。无论你手上有多少钱，都要明白人生是值得的。

尽自己最大的努力，去创造并分享价值，你会推动这个世界变得更加富足，而这最终将使每一个人都受益。当然，如果你想充分享受这丰富的人生，就一定要照顾好一个方面，也就是下一章要讲的：健康。

第 11 章

Personal Development for Smart People

健 康

身体拥有其权利,而且它会行使这份权利。当身体被损坏、被轻视,随之而来的就是代价。身体本该是灵魂最好的朋友,最友善尽责的助手。然而,很多勤奋的人却忽视了这一点,由此生出诸多不幸。一些看似明智的人却把身体像敌人一样对待,于是他们最终饱受折磨。

——奥古斯特·威廉,朱利叶斯·查理斯

你把自己的身体当作灵魂最好的朋友来对待吗？或者，你把它视为一个折磨你的朋友？它是一座庙宇，还是一座坟墓？身体是你在这个物质世界的承载，是由你控制的一具躯体，而你就是行使控制权的清醒意识所在。身体确实需要遵循物质世界的运行规律，但你的意识对此也并非什么都不能做。

身体是一个通道，经由这个通道，你才能够向外部世界表达自己。物质世界是一个大画布，而身体就是你的画笔。因此，身体的健康是至关重要的。如果你的身体处于很不健康的状态，画笔描绘出来的作品就会错漏百出。但如果你的身体充满活力，那它就会成为你内在思想最好的延伸，让你可以在这个世界上尽情施展自己的才能。

当健康状况很差时，我会明显感知到自己身体的存在。生病躺在病床上的时候，我才清楚地意识到健康的重要性。我脑子里不断地想，希望能重新恢复健康。然而真正恢复健康之后，我却又开始忽视自己的身体。身体重新变成一个几乎不存在的东西，仿佛只是内在意识的一个无形延伸。

如果你想达到并且保持良好的健康状态，会发现市面上的各种说法让人很迷惑。一些专家给出了复杂的规则，吃什么，怎么吃，什么时候吃……每当大家似乎在某个问题上达成了一致，之后总会有人站出来写本新书，提出相反的观点。

然而，你很快就会看到，真实、爱与能量这些通用的原则能帮你打破这些困惑，建立起适合自己的健康习惯。

健康与真实原则

减重专家写控制饮食的书,营养品商家出版健康杂志,药品公司赞助电视节目……市场上的不同利益方传播着各种信息,但它们往往更在乎销售收入,而不是真相。如果你每天接收大量这样的信息,就很难了解关于健康的真相。某些保健品广告似乎应了马克·吐温那句经典嘲讽:先了解真相,然后你就能尽情扭曲真相。

在这里,我并不想说服你接受我的健康观点。我想带给你清醒自主的思维方法,让你自己去寻找答案。所以我不会给你灌输一大堆统计数字,那没什么意义。我可以根据数据得出任何想要的结论,但你永远不知道我是不是说出了全部真相。如果我真的图谋不轨,完全可以歪曲数据,说服你去买某个昂贵的保健品——但实际上它只有两个作用:让你的小便里有更多营养素,以及让保健品公司赚到更多钱。我不是一个受过严格训练的数据专家,相信你也不是。所以,我们不妨抛开各种各样的统计数据,来考虑一些更实用的东西。

请花几分钟时间,把你脑子里关于健康的各种观念清理干净。就像李小龙说的那样:"清空你的杯子。"我们回到最初的原则,从你最基本的觉察开始。抛开你对自己该做什么的不确定感,仅仅去觉察,看看此刻你的感觉在告诉你什么。

好好看一看自己的身体。把衣服都脱掉,如果可能的话,站到一面镜子前。你看起来怎么样?你超重吗?太瘦吗?你最喜欢自己身体的哪些部分？你希望自己能改变什么？你的眼睛是什么颜色？你觉得自己的头发怎么样？请留意自己的外在和内在反应。

你当下的感觉怎么样？你是机敏而充满能量的吗？或者是迷迷糊糊、无精打采的？你感觉轻盈还是沉重？你多久生一次病？你能在晚上睡得很好，醒来时恢复活力吗？或者，你的睡眠质量很差，总感到休息不好？你感觉放松还是神经紧张？你的情绪状态是积极的还是消极的？你通常吃哪些食物，吃多少？你感觉自己的饮食习惯怎么样，是健康的还是你早就知道有很多问题？你有什么不健康的成瘾习惯吗？你摄入一些刺激神经的物质吗，比如咖啡因、尼古丁或者酒精？

对于自己的整体健康状况，如果按照 1～10 分打分，你会打多少分？你觉得自己的有氧运动能力怎么样？力量呢？灵活性呢？耐力呢？你平时有什么锻炼习惯？多久锻炼一次？你喜欢什么运动项目？你的身体运行良好吗？或者，你正饱受一些身体问题的折磨？你是否拥有自己真正想要的那种生命力？

请对自己完全坦诚。对于自己身体的健康状况，你觉察到了什么？如果你想得到更多信息，还可以去问问朋友或者家人。或者，也可以去做一次全面体检。

现在，把目光转向预测。你不可能知道这些预测是不是 100% 准确，但根据当前的真实现状，你完全可以做出合理的判断。为了能对自己保持坦诚，请试着用第三方观察的视角。想象这里有一个客观公正的观察者，他仔仔细细地检查了你当前生活的所有细节。然后，他会怎样预测你未来的健康状况？预测结果会是积极的还是消极的？你的健康是在持续改善，还是持续下滑？当前的习惯正在给你带来什么样的影响？这是你真正想要的吗？如果你足够有勇气，可以问问朋友或者家人，让他们帮你做一下预测，然后，把他们的预测跟你自己的做个比较。这么做的好处是可以纠正你自己的主观偏见，让你看到更多真相。

如果在过去，你可能会拒绝自己最真实的觉察和预测，特别是当你不喜欢这些真相的时候。但这一次，请尽最大努力去接纳一切。接纳你当下的真实情况，接纳自己需要付出的努力，接纳父母给予自己的这副身体，虽然它并不完美。无论变得更好或者更坏，这都是你仅有的一副躯体，而它将伴随你度过一生。

对于自己的身体，我有很多喜欢的地方。我喜欢自己蓝色的眼睛；我很高兴自己是个左撇子，虽然有时候这还挺麻烦；我喜欢自己一米八的身高，足够让我站在人群中有一个好视野，但又不至于在进门时需要低头；我喜欢自己有充足的力量和耐力；我喜欢自己能玩杂耍；我喜欢自己的身体不会经常生病。

我的身体也有很多让我不喜欢的地方。我不喜欢自己近视；我不喜欢每天都得刮胡子；我的牙齿不够白（小时候戴牙套的影响）；我的身体不够灵活，体态也需要改善；我天生就是色盲，所以我从来不曾看到过他人眼中那样的日落。

我们的身体都有各自的问题需要解决。一些问题在我们的能力范围之内，而另一些也许没有什么好的解决办法。但无论我们各自面对着什么样的问题，如果想变得更好，第一步永远都是：看清并接纳我们当下的真实情况。

健康与爱原则

请运用爱的原则，去加深内心与身体的联结。清理内心的思绪，把注意力向内转，仔细倾听。你听到了什么？你的身体有没有反映出什么问题，需要你做出改变？你有没有感觉到什么微妙的情绪？你的直觉告诉了你什么？

遵循爱的原则，选择与那些天然能吸引你的食物建立联结。仔细留意自己的直觉，哪些食物让你感觉良好，哪些食物让你感觉不对？苹果给你什么感觉？热狗呢？一碗米饭呢？一棵西蓝花呢？有没有哪些食物让你感觉健康，而另一些让你感觉不健康？有没有可能，你通过更好地听从直觉指引，从而改善自己的健康？你是在用心怀爱的方式对待自己的身体吗？

我对土地中自然生长出来的食物情有独钟，特别是新鲜蔬菜和水果。我在吃天然素食的时候感到舒服。㊀

我最初进行了一次 30 天的素食尝试，而这仅仅是出于好奇。在那次尝试期间以及之后的时间里，随着我了解到的信息越来越多，最终就再也不可能回到原来的习惯了。

㊀ 本节内容中的素食饮食，仅为举例说明如何关注自己的健康，不是推荐你也吃素。——编辑注

每当我吃过度加工的食物时，会感到大脑开始变慢。我感觉这些化学物质能给身体补充能量，但根本没法带来滋养。我知道这些东西都在被精心推广和销售，实际上多是为了利润，而不是为了食用者的健康。所以，我没法喜欢这些食物。我看到一些错误观念被推广为真理，一些碎片信息被宣扬为全部真相，一些对身体的损害被包装成力量的象征。大量摄入这些食物会降低清醒自主的意识，让我偏离真实的自己。

仔细留意自己吃的食物，你对这些食物有什么感觉？你的感觉可能跟我截然不同，完全没问题。但请你听从自己的真实感觉，而不是他人的干扰。你的直觉告诉了你什么？

仔细留意自己的行为习惯。你现在的运动习惯怎么样？工作习惯呢？压力水平呢？你的直觉告诉了你什么？你真的需要一个专家来教你怎么做吗？或者，你的直觉早就知道该从哪里开始改变？你是在用心怀爱的方式对待自己的身体吗？

你吃的食物、你的行为习惯，哪些是跟你最真实自我相匹配的？哪些是不匹配的？水果、蔬菜、谷物、豆类让你感觉如何？你更喜欢天然食物还是过度加工的食物？你能感觉到遵循爱的选择和偏离爱的选择之间的区别吗？你对各种各样的锻炼方法有什么感觉？当你想到自己每天做的事情（包括工作）时，有什么感觉？

遵循爱的原则，去发掘内心最深处的感觉，这并不是一件容易的事。但是，如果你想成长为一个更加清醒自主的人，就必须学会遵循内心深处的这些声音。请不要一味否认。如果你现在还无力改变,没有关系。清醒自主地明白这些对自己是不好的,远好过自欺欺人、否认直觉的指引。

健康与能量原则

估计你已经猜到了我会说——你应该为自己的健康全权负责。没错,这正是我要说的。我们生活在一个并不完全崇尚健康的世界,一些自然、健康的行为反而会被看作极端。选择沙拉而不是牛排,别人说你是个怪胎;坚持每天锻炼,你是个运动狂人;不吃过度加工食物,你是个极端分子。然而真相是:如果大多数人都认为你的生活习惯很正常,那你的习惯反倒很可能不健康。在美国,每年有相当多的人死于心脏疾病、癌症和中风,一个重要的原因就是生活习惯。大多数人的生活习惯其实是慢性自杀。

如果想保持健康,你需要加强自律,从而克服社会上各种噪音的干扰。运用成熟的心智,做出清醒自主的选择,而不是听很多不健康的人告诉你该怎么做。

请设定能够激励自己的健康目标。比社会平均水平健康一点,这依然是不健康。请设定更高的目标。在健康这件事上,你到底想达到什么样的状态?你仅仅是想少生病吗?或者,想拥有强壮的身体?或者,想每天都充满活力?糟糕的身体会限制你的能量,而健康的身体则会提升你的能量。

用渐进式训练的方法,一点一点改善自己的习惯。不要在一开始就追求完美。你可以选择一个小改变，从今天开始一轮30天尝试，建立一个新习惯。如果你觉得不喜欢，完全可以在30天之后回到原来的习惯。请记住一点，新的尝试只需要30天。饮食和运动这些日常习惯，长期来看会给你的身体健康带来巨大影响。运用你的自律，从今天开始去践行一个好习惯，做到自己能做的最好。习惯形成之后，就可以自动运行下去了。

健康与一体原则

运用一体的视角向内看，你自己身体的健康，依赖于身体里每一个细胞的健康，而每一个细胞的健康，反过来又受身体的整体影响。整体和个体相互依赖，缺一不可。同理，你的身体和心灵也是紧密联结在一起的。"让肉身保持健康，这是我们的一项职责。"背后的原理是，如果想保持心灵的澄澈和强大，身体的健康是一个重要基础。

用一体的视角向外看，你将明白自己的行为也会影响到这世上的其他人。你个人的健康选择，某种程度上也影响了所有人。你是否曾在看过某个顶级运动员的比赛之后受到鼓舞，感觉更有动力去锻炼了？你是否曾读到过一个健康达人写的书，然后决定优化自己的饮食习惯？你是否意识到，对于身边的人来说，你也有着类似的影响？通过做出榜样，你也可以让他人知道该如何生活。你现在的行为正在树立一个什么样的榜样？

去跟其他"健康达人""运动狂人"和"极端分子"（实际上是头脑真正清醒的人）结成联盟，一起变得更健康。对于那些总是让你陷入不健康生活的人，也别再那么执着了，去结交更积极的朋友吧。请把社交圈也看作自己身体的一种外部延伸。

1998年，我当时在为洛杉矶马拉松备战训练，经常沿着海滩跑很远的距离。然而不巧的是，我去签字报名的时候才发现，正式比赛恰好就设在我婚礼的那天。当我把这个难题告诉艾琳时，她说服了我放弃那场马拉松，去参加婚礼。

我对马拉松的热情并没有因此改变，于是第二年继续尝试。我加入了当地的一个公路跑团，这是一个挺有名的马拉松训练团队，每周周末队员都会沿着威尼斯海滩长跑。我非常喜欢跟一群人一起训练，这远比自己训练更加享受。我的一个妹妹也加入了进来，于是我们就一起跑，跑的过程中还能相互交流。在20英里⊖的长跑中，有足够的时间进行很多交流。

然而又有意外发生了。在比赛前一周，我的膝盖受伤了，于是只能再次错过。但我不愿就此放弃，下一年依旧重新训练，最终成功跑完了马拉松，只不过这一次我又回到了独自训练的状态。独自训练感觉无聊多了，我真的很怀念上一年跟大家一起训练的日子。我也由此得出一个经验：如果能跟同频的人进行交流，我就会更喜欢锻炼这件事。

很多城市都有一些运动组织，人们参与进来一起完成目标。你可以在网上搜一下，看看附近有什么适合你的组织。你

⊖ 1英里 ≈ 1.61千米。

可能会和我有一样的感觉,就是跟更多人一起训练,远比自己一个人训练更有动力。

健康确实是一件很个人的事,但在很多方面,这又不是一件完全孤立的事。当我们任何一个人生病,所有人其实都会在某种层面上受到影响。因为世界本质上是相互联结的,所以每一个人都影响着整体的健康程度。忽略人与人之间的联结是一种愚蠢。

比如,当全球的水源都被各种化学物质污染的时候,你怎么做到让自己的健康不受影响?只追求自己一个人的健康,其实是远远不够的。如果你想最大程度上拥有健康的生活,就也需要帮助他人做出健康的选择。随着你在健康的路上不断积累经验,就可以把自己学到的东西分享给更多人,帮助更多人获得成长。我们都是这个进程中的一员。

健康与主导原则

无论你在健康方面有没有足够的知识,你都是自己身体健康的主导者。你当然可以咨询专家,但真正做主的永远是你自己。你的健康状况怎么样,这是你自己要面对的问题。你可以放弃掌控权,但永远无法逃避责任。

对你来说,最健康的长期生活方式是什么?我不知道,因为我不是你。即使我跟你详细解释一遍哪些东西对我是有用的,那也不意味着对你来说同样有用。即使我能告诉你对大多数人来说什么是好的，那依然不能保证对你也是好的。考虑一下你自己的遗传条件、成长环境、自身的各方面因素，你跟社会上大多数人又在多大程度上一样呢？

一个简单的事实：对于自己的身体，你是唯一的主导者。当然，你也一定要小心防范各种错误的理念，还有各类媒体广告的影响。如果我给了你一条建议，但你自己感觉不对，那你就应该拒绝。要相信自己的判断。这句话其实从逻辑上有点自循环，但你应该懂我的意思。你自己掌握主导权，只有当我的建议不违背你的现实情况时，你才应该相信它。

如果你不再盲目相信一些所谓的专家，那怎样在健康这件事上做一个合格的主导者？首先，仔细留意自己真实的觉察和预测；然后，仔细感受自己做出的选择，看看直觉会告诉你什么；最后，你可以通过亲身尝试来进行检验。**有些时候，如果你不确定一个选择是不是正确，找到答案的唯一方法就是去试验一下。**

通过"30天尝试"的方法，我在健康方面已经有了很多成功经验。通过30天尝试，我变成了素食主义者，后来又进一步转变为纯素（不食用任何动物制品）；我养成了早起的习惯，每天5点起床，周末也不例外。在做这些事的时候，我一开始都不确定是不是适合自己，所以我就用短期尝试来试验一下。通常来说结果无非两种——适合或者不适合。而看到结果之后，接下来选择坚持还是放弃就很容易了。

也有些时候，试验结果是不太好分辨的。比如在2008年，我尝试了 30 天的低脂生食，每天只吃新鲜水果、蔬菜和坚果，只有 10% 的热量来自脂肪摄入。在尝试期间，我每天详细记录自己吃的所有食物，把这些日志分享在了自己的网站上。

那次尝试的最终结果并不符合我的预期，但我依然学到了很多东西。目前为止，那是我最艰难的一次 30 天尝试。激励我坚持下去的一个原因是：我不仅仅是在为自己做这件事，我也在为更多人提供借鉴。虽然结果并不完美，但我收获了足够的经验，所以才能在两个月之后成功切换到纯素生食的饮食习惯。当然，随着我的饮食习惯不断调整，我还会继续在网站上分享最新的进展。

亲身尝试是一种发掘自我的高效途径。尝试不同的饮食习惯，尝试不同的运动习惯，尝试不同的睡眠习惯……通过亲身尝试，看看到底什么是最适合自己的。做这些尝试当然也会有一定的风险，但盲目相信社会上的各种声音其实更危险。要明白，最终承担结果的是你自己。

如果你真的想自己尝试，那我有一点建议。首先，用日志记录结果，如果做不到每天记，至少也要每周记。这些日志可能会在未来发挥巨大的作用，有时候是在几年之后。其次，可以考虑把日志公开分享出来（比如写博客），这能让别人也从你的经验中学到东西。我尝试纯素生食的过程中，很多有经验的读者给了我大量鼓励和专业建议，因为他们能看到我每天记录的饮食情况。这让我得以保持在正轨上，避免了很多潜在的问题。我真希望自己之前向素食和纯素转变时能记录下来，这样我就能进行回顾，看看当时的饮食状况。公开分享出来，这些记录对别人来说都会是很好的借鉴，特别是我的尝试结果还很成功。

如果你在一个短期尝试中得到了很好的结果，那就把它变成长期习惯。锁定积极成果，让新习惯从此优化你的生活。如果你持续进行这样的尝试，难免会在过程中遇到一些问题；但长期来看，你的健康水平大概率会有实质性的提升。然而对我来说，最大的好处还不是身体层面的，而是精神层面的。我的思维变得更加清晰、更加敏捷，而且能够保持高度专注，这些都很大程度上归功于过去 15 年里做出的健康改变。这些改变让我自己受益，也帮助到了更多的人。

你提升健康水平的路径可能跟我完全不同，但通用的成长原则有一个好处，就是不受个体的条件影响。你可以借鉴我的方法，哪怕最终选择了和我不同的路径也没关系，请在这件事上自己做主。

健康与勇气原则

请选择真正遵从本心的健康与锻炼计划，别被有挑战的目标吓退。精神的脆弱会带来肉体的孱弱。把对健康的追求看作一件终生的事情。如果一个目标无法让你有哪怕任何一点点恐惧，那这个目标本身很可能就不值得追求。你想完成一次马拉松甚至三项全能吗？你是否觉得爬山是种有趣的体验？你觉得成为一个武术黑带高手怎么样？把平时那些单调的锻炼停一停，做点能让自己感到兴奋的事情。你觉得一个健康而充满活力的人会怎么生活？去过那样的生活。

请主动付出努力，让自己保持健康状态。建立良好的饮食和锻炼习惯，从而让自己的身体保持强健而有活力。别等到大病来袭时才后悔没有早点行动。看病吃药其实已经是最后的防线了，意味着你没能提前建立起好的预防措施。把钱送给医院，这可不是你保持健康的最好选择。

请尽量让锻炼方式保持简单直接。别买一大堆复杂的健身器材，把事情搞得很复杂；也别错把吃乱七八糟的人工补剂当作健康饮食。一个帮你省钱的简单建议：那些装在瓶瓶罐罐里的东西，你全都不需要。

在很多年里，我唯一的锻炼方式就是早起出去跑 25～45 分钟。我几乎每天早上都跑，然后一整天都能保持充满活力、思维敏捷。1997 年 1 月 1 日，我立下一个新年誓愿：接下来的一年里，每天都锻炼至少 25 分。下雨的时候，我就在雨里跑；感觉很累的时候，甚至生病的时候，半夜才回到家的时候，我都没有中断。最终我达成了目标，一天都没有中断，而这段经历也彻底粉碎了我过去所有不锻炼的借口。如果你害怕生病，那一定要明白：坚持锻炼能极大地提高你的免疫力。

天上下几滴雨，这种事根本构不成不锻炼的理由。实际上雨天跑步还挺爽的。曾经有一次，我跟洛杉矶公路跑团队的伙伴们一起，在狂风大雨里跑了 12 英里。路人纷纷在车里摁喇叭,摆出加油的手势为我们打气。可能是看到我们这群疯子在一片汪洋里前进,他们被打动也被逗乐了吧。现在我已经记不起当初大多数的训练了,但唯独对那一次记忆犹新,虽然那已经是多年前的事了。在雨里奔跑的两小时,换来了如此独特而有趣的一段回忆,也挺值的。巧的是,我后来终于参加了正式的马拉松比赛,而那次比赛的前两小时也一直在下雨。

唤起行动的勇气,减少疾病,享受健康的乐趣,这远好过某一天不得不面对突如其来的疾病。如果你发现自己已经陷入了后一种情况,请明白:能扭转病情的最好习惯,就是那些能预防它的习惯;而造成疾病的习惯,也是那些能让它变得更加难治的习惯。你可能需要下足够大的决心,才能打破自己根深蒂固的那些坏习惯,然后从严重的疾病中恢复过来,而且还不一定能成功。但是,如果你足够珍视自己的生命,那就应该尽最大努力去重建自己的健康,这样才能获得更多的生命机会。这是值得的。

健康与清醒自主原则

清醒自主的习惯选择带来长远的良性循环,进而让你能把足够的时间和能量倾注于真正重要的事上。一旦好的习惯建立起来,之后你就不用花太多时间操心自己的健康了。你可以充分利用自己健康的身体,去做更多有创造性的事情,你知道背后有一系列好习惯在维持(甚至不断提升)你的健康水平。

建立好习惯并不是件容易的事，但是当习惯建立起来之后，当初的那点努力将显得微不足道。实际上，你获得的收益往往远高于付出的成本。比如，坚持有氧运动让我感到充满活力，于是需要的睡眠时间也减少了，最终节省的时间甚至超过了我付出的时间。再比如，吃新鲜水果的习惯让我感到精力充沛，于是工作效率变得更高了。剥一个香蕉需要的时间可以忽略不计，而收益却是提高了精力水平和思维的敏捷度，避免了犯困。积累起一系列健康的习惯，这让我能够持续有着良好的状态。

我们的身体是一个精细而美妙的奇迹。然而，相比外在练出模特一样的身材，更重要的其实是保持内在心灵的健康。具体到身体的层面上，就是要学会接纳自己的样子，爱自己本身的样子，包括爱那些你认为可能不那么漂亮的部分。社会上有很多声音，总是试图告诉你必须有什么样的外形才可以。请忽略那些声音。

———

你在现实世界中的所有体验，都是经由你的身体而实现的。身体是你与这个世界进行互动的重要载体，所以你有足够的理由去好好照顾它。请把自己拥有的这副躯体用到最好。建立起足够多的好习惯，让自己每天都感到充满能量、思维敏捷，而不是每天疲惫不堪、疾病缠身。同时，如果你的健康状况不太好，也请学会接纳欣赏自己拥有的一切。自己能够生活在这个美丽的世界中，其实已然应该对生命报以感激。

也许在未来的某一天，我们真的能把这副肉体升级成坚固的机器，或者干脆把自己的清醒意识转换到某个共同的生命意识中去。但至少在我写这本书的时候，那一天还没有到来。因此，我还是建议你把眼光放长远，好好经营自己的这副躯体，而别让它变成一抹黄土。

当然，保持身体健康还有一个很好的理由——良好的健康状态，让你能更好地建立和享受与他人的爱，也就是下一章要讲的：关系。

第 12 章

Personal Development for Smart People

关 系

人世间最大的孤独,不是缺少朋友,而是缺少真正诚挚的友谊。

——弗朗西斯·培根

人与人之间的关系是我们学习和成长的丰富源泉。我们人生中最大的奖赏来自关系，最大的挑战也来自关系。有些时候，关系可能会非常复杂，非常令人困惑。然而你将会在这一章看到，真实、爱与能量原则能极大地简化关系，帮助我们建立清醒自主的、有爱的人际联结。

在亲密关系上，我们其实有很多种选择。实际上，关系的选择并没有绝对的对错，你拥有自由去选择自己真正想要的关系。但必须有一个要求，就是你的伴侣也愿意和你建立这样的关系。

这一章里你可能会读到一些不同意的观点，没关系。我并不想劝你改变原有的价值取向，只是给你展示怎样将个人成长的原则运用到人际关系这个领域。但是，我也确实想向你提出一些挑战，让你审视自己对于关系的原有理解，从而做出清醒自主的选择。

我们的生活中充满了各种各样的关系，我们有亲人、朋友、弱社交、同事、亲密关系、竞争对手……无论你处于什么样的状态，真实、爱与能量这些原则都能帮你改善现有关系。在这一章，我会主要（但也不完全是）探讨亲密关系，但其中的理念也适用于其他所有类型的关系。

关系与真实原则

让我们从一个基本的评估开始：对于你当前所处的关系，

你觉察到了什么？真实情况到底是怎样的？

你对当前所处的关系感受如何？你快乐吗？或者，你感到不满意？你感到与他人建立了联结吗？或者，你感到孤独？这些关系根植于真实吗？或者，是根植于虚幻？人们知道你真实的样子吗？或者，你只是把真实自我藏在了面具之下？当前的关系能给你带来能量吗？或者，是在持续消耗着你？你得到了自己想要的东西吗？或者，有一些东西始终是缺失的？

面对这些问题的时候，请对自己保持坦诚。对于跟你最亲密的那些人，你能给他们什么支持？你能为伴侣提供什么？他人会因为你的存在而受益吗？或者，你只是在一味索取却并没有过什么给予？

透过外在表象，去看清关系最深处的真实情况。比如，婚姻可以仅仅是一个法律意义上的标签，也可以是两个人深度的联结。当揭掉表面的标签之后，你看到了什么？这段关系的真实内核到底是什么？

你可以审视自己拥有的关系的广度和深度。你在生活中经常结识新的朋友吗？如果你问一下，有多少人会说了解你？你和他们有多深的联结？哪些人会把你看作亲密的朋友？你想在自己的生活中拥有更多人际联结吗？你想加深现有的哪部分关系？

在审视现有关系的时候，请始终记得一点：所有关系都只存在于你的心里，所有关系都被你的认知界定。为了更准确地评估当前关系，你必须向内看。当想法产生的时候，全然接纳。如果你对某一段关系感到模糊不清，也不要惊讶。

现在，把注意力放在自己的预测上。坦诚地讲，你认为当前的这些关系会向什么样的方向发展？哪些关系在走向紧密，哪些在走向疏远？你正在走向哪里？根据当下的真实情况，你能看到什么样的未来？

在我们做出对于人际关系的预测时，很明显会有大量的不确定性，所以很难做到完全准确。你需要做的，是做出合理的判断。你最真实的预期——哪怕最终被证明有误——实际上包含了很多信息，因为判断本身揭示了你的信念。你的信念会影响行动，最终影响关系的走向。也正因此，了解自己的真实判断是重要的，因为这种自我认知能够给你力量，让你清醒自主地改变那些存在问题的关系。

请格外留意自己的情绪，因为情绪本身是重要的信号。积极情绪意味着你心底里有积极的预测，而消极情绪说明你心底里有消极的预测。有时候，你可能感觉一段关系在不断被削弱，虽然表面上似乎一切都很好。这时你就需要与对方坐下来探讨一下，看看这段关系中存在什么被忽略的重要问题，然后一起解决。

曾经有很多次，我对自己与妻子艾琳之间的关系产生了某种不好的感觉。表面上似乎一切都很好，我也想不出有什么问题。但随着时间推移，我始终摆脱不了这种感觉，好像我们之间有一堵无形的墙在越变越大。如果我只是一味否认这种感觉的存在，它只会一直在那里。在这种情况下，每当我把自己的感受告诉艾琳，两个人沟通之后，总会发现确实有一些不易发现的问题存在，导致了这种不舒服的感觉。一旦我们把这些问题拿到台面上来，即使问题没有马上解决，彼此之间的亲密感也能再次找回来，我们往往会感觉变得更亲密了。

正是因为这些经历，在人与人的关系方面，我对自己的直觉怀有充分的信任。当我感觉不太对时，我知道最好的选择就是直接找到对方，告诉对方，我们之间似乎存在一些问题，我们可以一起来梳理清楚。如果你像这样足够坦诚地对待这份关系，最终会获得彼此的亲密和信任。

不坦诚是有害的，不上心也一样。如果你不再主动关心一段关系中的真实情况，距离就会产生。真实不仅仅意味着不撒谎，实际上，探寻真相是关系中需要持续进行的一件事。

无论你对当前的关系有什么感觉，请先坦诚接纳这种感觉的存在，哪怕你感到自己陷入了困境。不要一味否认。如果你感到有压力，感到孤独，请接纳这些压力和孤独的存在。如果你感觉婚姻正在走向尽头，请接纳这种真实感觉的存在。如果你感觉停滞不前、无力改变，请接纳这种真实感觉的存在。永远不要闭上眼睛对真相视而不见。如果你想获得成长，想突破当前的困境，首先就要停止否认自己的真实处境。

最后，很重要的是，请接纳人与人之间关系的本质：所有关系都只是暂时的。无论你们之间有多坚韧的纽带，最终都一样会分离。没有什么关系是永恒的，至少从客观层面上是这样。请接纳这个真相，对自己生命中出现的所有关系报以更深的欣赏。当你明白所有关系都是暂时的，这些关系就会变得更加宝贵，你也就更不会把别人的付出视为理所应当。

关系与爱原则

通过主动与他人建立联结以及允许他人与你建立联结，你得以建立和拓展自己生命中的人际关系。建立联结最基本的方式，就是直接交流。你与他人交流得越多，拥有的联结就越多。这些联结让你获得人与人之间的亲密和关怀，于是你能够感受到更多的爱。

妻子艾琳和我发展出了非常紧密的关系，原因就是我们花了大量时间进行交流。1994年我们刚认识的时候，就经常在电话上一次聊几小时，交流自己认为重要的任何事情。这种坦诚交流的习惯一直保留到了今天。很棒的一点是，她经常能在很多问题上提供非常独特的视角，我非常欣赏她的这些洞见。我知道她对我也有相同的感觉。

交流只是一个开始，人与人之间的关系能够从交流慢慢发展为有共鸣。然而，即使有频繁的交流，关系也依然有可能陷入停滞或者遇到瓶颈。偏离真实、爱与能量原则会让人与人之间的关系被削弱，而当这些原则被很好地遵循时，关系中的阻碍则会随之消融。

如果你仔细审视自己的沟通习惯，会发现通常存在着某种不平衡。你很可能比较擅长三条基础原则中的一个或者两个，但某一部分是相对缺失的。比如，我自己是过于偏向真实和能量原则，我喜欢发掘新的真相，愿意激励人们行动；而我的短板就是，在沟通中通常缺少共情。相反，艾琳在真实和爱这两个方面做得很好，但在激励行动方面又相对较弱，因为她经常会忽视能量原则。

想想你认识的一些人，看能否辨认出他们在沟通时的主导因素是什么。哪些人关注真实原则，喜欢探究事实、获取信息？哪些人更关注爱原则，探讨任何东西都是为了更好地建立联结？哪些人更偏向能量原则，希望推动人们行动？在所有人与人的交流中，你都能看到真实、爱与能量原则的某些方面，但大多数人都会明显倾向于其中某一两个。

你跟他人建立联结的时候，会怎样结合真实、爱与能量这三条原则？注意，你最短板的那一方面，往往就是你关系中很多问题的根源。如果能更好地发展自己的短板，你会在关系方面获得重要的成长。

在与人交流时遵循爱的原则，这对我来说是一个很大的挑战。我被一对理性派父母养大，父亲是一个航空软件经理，母亲是一所大学里的数学教授。在这样一个家庭里，真实和能量是彼此沟通的最主要原则，而爱则是相对匮乏的。我很少听到类似"我爱你"这样的表达，拥抱也是很少见的行为。结果就是，长大以后，我在与人沟通时也主要基于真实与能量原则。我在同理心和共情等方面都比较弱。坦白说，看到别人用充满爱的方式相处，我还会感到很不自在。

但跟我相反,艾琳生长在一个爱与真实原则主导的家庭,而能量原则几乎不存在。她的家人都充满关爱、情感丰富,喜欢在一起共度时光。艾琳和她的兄弟姐妹们会被邀请参与家庭的各种决定,比如制订度假计划。但同时,她的家庭教育里缺少强有力的约束和管教,这也导致她在之后的生活里遇到很多问题。比如,她曾经一度陷入虐待式的感情关系,但因为恐惧,她花了很多年才下决心结束了那段关系。

当艾琳和我刚开始交往时,真实是我们建立联结的最主要原则。我们都是好奇心很强的人,能喋喋不休地一起交流各种各样的问题。于是,我们在短时间里建立了非常亲密的关系,彼此都很享受对方的陪伴。随着关系的发展,我们帮助彼此获得了巨大的成长。

我第一次遇到艾琳的时候,她在兼职做一个秘书,同时在一所成人教育学校读书。我把一种全新层面的能量带进了她的生活,鼓励她辞去了原本让她毫无激情的工作,找到自己真正喜欢的事业。我并没有通过自己的能量去掌控她,而是遵循真实的原则,尽自己所能去做真正对她有益的事。艾琳做好了准备,在我的影响下,她用前所未有的方式把能量原则融入了自己的生活,而她也对此感到非常高兴。

与此同时,艾琳也给我带来了很大影响,她让我学会了感知自己的内心。我以前从来没有遇到过像她这样开放、有爱、富有同情心的人。我在大学毕业几个月之后认识了她,那时我对计算机可比对人感兴趣多了。她非常坦诚地分享自己的成长经历，我发现她那富有爱心的特质是一种天赋。她很容易就能让我放下防备，以一种我觉得不可思议的方式，帮我发掘出自己的共情能力。正是因为她的鼓励，我才下定决心从游戏行业转换到个人成长领域。如果我们没有相遇，我现在也就不可能从事这样一个帮助他人成长的事业。

如果想建立联结，人与人之间就必须存在基本的兼容性。我们在进行交流的时候，彼此之间必然有一部分共同点，这样关系才能够建立起来。如果一段关系中没有足够的共同点，这段关系就缺少根基。但是，为了获得成长，一段关系中也需要差异的存在，否则很快就会遭遇瓶颈。共同点让我们能够建立联结，而差异帮助我们成长。

现在，你看到了真实、爱与能量原则的重要性。在此基础上，你可以自主地诊断出关系中存在的问题，并推动其发展。如果我对艾琳说自己内心感到失去了联结，她反而会感到欣慰，因为她知道了我的真实感受，并且能够帮助我。同样，如果她在设定新目标、做出行动决策时向我寻求帮助，我也会是一样的反应。这种对彼此的帮助不仅让我们各自成为更好的人，同时也加深了我们之间的联结。

如果你正处于一段关系中，你能说出彼此最合得来的地方是什么吗？你们能遵循真实原则，分享知识并从彼此身上学到东西吗？你们能遵循爱原则，充分表达情感、享受彼此的陪伴吗？你们能遵循能量原则，鼓励、支持彼此追求自己的目标吗？如果三者都在一定程度上具备，哪一种是最主要的？

一个很有用的做法是，如果你们知道各自在这段关系中最主要的联结方式，那么每当感到彼此变得疏远时，就能运用自己擅长的方式让关系重新变得紧密。同时，你们还能用各自擅长的方式，帮助彼此获得成长。通过这样的关系，我们最终能够将真实、爱与能量原则更好地融入自己的生活。

关系与能量原则

最好的关系，是能增强你能量的关系，而不是削弱你的关系。选择进入一段关系的意义，在于能更好地将真实、爱与能量融入生活，感受到彼此共同成为一个更好的整体。如果一段关系让你偏离这些原则，这种关系其实就不值得维持。你在削弱自己的关系中待得越久，能量就会变得越弱。最好的关系会满足你的需求和渴望，帮助你获得清晰感，同时更好地建立联结。这些人能在关键的地方给你的生活带来更多价值。

如果你屈从于让自己被削弱、被束缚的关系，就是在放弃自己的能量。无论当前情况如何，你都是那个需要负起责任、做出改变的人。请明白一点：你永远都有选择离开的权利。这么做可能会带来一些消极的结果，比如离开一个虐待式的伴侣但承受了经济损失；然而，这些问题都是暂时的。如果你真正放下原本削弱你的关系，往往很快就会重新找回自己的能量。但遗憾的是，虐待式关系的一个特点就是会让你过度低估自己，以至于甚至很难想象重获能量是什么样的感觉。如果你处于削弱自己的关系中而又不选择离开,你实际上就是自己选择了留在这段关系里,也就意味着自己选择了折磨自己。

一段清醒自主的关系需要双方的努力和承诺,一方不能独自扛着整个关系往前走。如果你们花更多的时间争吵对抗,而不是分享爱,那最好的选择就是放手。让自己拥有能获得滋养的关系,别委屈忍受。给自己充满能量,这并不是什么自私的行为。如果能让关系保持在充满能量的状态,你也会变得更强,而且你的能量还会传递给身边的更多人。

如果最削弱你的关系发生在你和家人之间,怎么办?实际上,对削弱自己的关系保持所谓"忠诚",这没什么光荣可言。你在这种关系中削弱自己,同时也在削弱着身边的人,把每个人都往下拖。别逼自己,也别逼他人为了所谓的"忠诚"而受折磨。如果你是一个特别忠诚的人,那就把这份忠诚给真正值得的人,而别给那些把你的付出视为理所当然的人。

你从一段关系中真正想得到的是什么?对方身上的什么特质最吸引你?说到底,你始终拥有和任何人建立联结的自由,所以请定一个更高的标准。允许自己去和那些能给你带来能量的人建立友谊,甚至建立亲密关系,这些人能够让你更好地将真实、爱与能量融入生活。远离那些会把你带入迷途的人。

在建立长期关系的时候,我会尤其谨慎地做选择。我喜欢那些对自己有更高要求,能够遵循真实、爱与能量原则而生活的朋友。至于那些不坦诚、不自主、低认知、感情冷漠、有虐待倾向、注意力涣散、不自律以及缺乏责任感的人,我从来不和他们建立紧密的关系。我的职业让我有机会和很多人进行交流，我也很愿意帮助别人。但是，只有符合我交友标准的人，我才会与之建立更深层次的关系。

另外，如果一个人确实符合了我对于朋友的标准，那我们往往很快就能从弱社交变成好朋友。对于交友，我最看重的一点就是：对方是不是主动成长的人。我经常会被主动成长的人吸引，彼此很容易就能建立联结。我并不在乎他们的客观条件，比如年龄大小、信仰、富有或者窘迫。我们对于个人成长的兴趣会变成友谊的共同支点，而彼此之间的差异又能让对方学到新东西。

在我建立起这种标准之前，我发现友谊并不能让自己感到满意。交到朋友并不是难事，但总会有一些人进入我的生活，然后让我变得更加偏离真实、爱与能量这些原则。比如在学生时代，我结交了一些喜欢喝酒的朋友，结果就是我从一个不喝酒的人变成了一个酒鬼。在一次聚会上，我喝了整整14杯酒，第二天醒过来完全记不起前一天的事。我不得不问朋友们发生了什么，结果才知道：我吐在了一个人身上，中途昏死了过去，最后七倒八歪回到了自己的房间。后来我离开了这些朋友，之后就再也没有酗酒。今天如果我跟艾琳说：咱们晚上喝一杯吧！她只会笑话我，因为在她看来酒精根本不是什么好东西，而且她知道我也是这么认为的。

人们常说，看看你花最多时间和哪些人相处，就能预测出你的未来是什么样子。这是真的。你身处的关系确实会给你的个人成长带来极大影响。如果你发现，自己要费很大力气去抵御朋友带来的消极影响，那这场反抗最终只会失败。请唤起内心的能量，从这样的关系中离开，让更多提供正向支持的人来到自己身边。一个经验是：如果你发现自己陷在了持续消耗能量的环境里，不要徒劳地斗争，起身离开就好。如果你还是想看看问题出在哪里，那也可以先抽离出来，从旁观的角度能看得更清楚。

我知道，有时离开一段消耗能量的关系是极其困难的。但无论多难，解决方案始终都一样，就是离开。当你停止挣扎、真正开始思考如何离开当前的消极处境时，你实际上能释放出强大的能量。即使你还没有脱离当前的关系，但只要开始转向正确的方向，你就会开始感到更有能量。无论外部条件如何，遵循能量原则都可以让你的内心变得更加强大。

给他人带来能量的最好方式，就是让自己充满能量。只有当你自己能量满满的时候，才能真正支持到他人。相反，如果你自己很脆弱，那根本没法帮助他人。如果想让世界大躯体变强，每一个小细胞就要学会照顾好自己。

一定要小心，别在一段关系中放弃自己的能量。为了在能量层面保持独立，你必须能够在关系中保持一定程度的独立。作为一个独立个体，如果你发现自己无法做出任何重要选择，只能听从关系的另一方，那你就是在放弃自己的能量，同时也是放弃对于自己人生的责任。纪伯伦曾经写过："在你们的共处中，请留下一份空间。"

如果你想吸引高质量的伴侣，最好的选择就是你自己更好地遵循真实、爱与能量原则。如果你发现自己总是在吸引错误的人，或者压根吸引不到什么人，原因很可能就是：你自己的生活已经偏离了这些重要的原则。如果你认为，需要使用虚伪的手段才能吸引到对的人，那你就是让自己屈从于虚伪和欺瞒，而这样只会适得其反。如果你想吸引坦诚的人，那就让自己足够坦诚；如果你想吸引充满爱心和关怀的人，那就让自己变得更有爱、更充满关怀；如果你想吸引勇敢的人，那就先让自己成为勇敢的人。

不同的人会被不同的特质吸引，但真实、爱与能量是具备通用性的特质。只要是正常人，没有人会想要充满谎言的关系，没有人会想要充满冷漠的关系，也没有人会想要虐待式的关系。我们每个人有不同的特质，但我们都会被真实、爱与能量这些最根本的特质所吸引，我们也都愿意拥有这样的关系。你越能把这些特质融入自身，就越能变成受欢迎的人。

关系与一体原则

每当我们想要向外建立新关系的时候，请不要忘了：世上的每个人原本就是相互联结的。我们都是同一个大躯体中的小细胞，那些认为每个人都是孤立个体的观点，只不过是错误的幻象。严格来说，我们其实根本不需要从无到有与他人建立关系；我们需要做的，只是找到原本就存在的关系。

艾琳和我都发现一件事：当我们接受了一体原则时，更多同频的新朋友就开始被吸引到生活中来。一些不寻常甚至不太可能发生的事情，往往在对的时间把我们引向了对的人。我们甚至有种奇怪的感觉，就是我们和这些新朋友是命中注定要相遇的。实际上，我们俩就是这么相遇的。我们在相同的时间进入了同一所大学，但在毕业之后，我们才因为某个机缘而相遇。我们有如此多的共同爱好，好像我们就是注定要在一起的。

　　最近，我们俩在亚利桑那州的塞多纳小镇待了几天。有一天，我们走进一家游客商店，不知道为什么，我们和一个完全不认识的女人产生了某种强烈的感应。于是我们开始聊天，30分钟之后彼此变成了朋友，最后拥抱道别。一周之后，她给我们寄来了一份小礼物，对我们给予她的启发表示感谢。对艾琳和我来说，类似的经历越来越多地发生在我们的生活中。在我体会到一体的思维模式之前，我根本不可能走进一家商店去拥抱一个原本不认识的人。随着你把一体原则更好地融入生活，请做好准备，你会收获很多奇妙的体验。

　　一体的思维模式之所以如此有效，我觉得原因是：当你认为人与人之间原本就存在着联结，人们就会感受到你的开放和坦诚，于是也做出相似的回应。很显然，和某个人破冰的最好方式，就是相信你们之间本来就没有什么"冰"。对于高度清醒、高度自我觉知的人来说，这一点尤为真实。持有相似理念的人传递出友好信号，于是他们自然会做出友好的回应，而不是伤害或拒绝。如果你带着一体的思维模式去接近一个人，但遭到了粗鲁的拒绝，那大概率这个人并不持有相同的理念，所以无法跟你同频。遵循一体原则的好处之一，就是你能够自然吸引到其他同频的人，同时也筛掉不同频的人。你越能与一体的理念共鸣，就越能吸引到遵循这个理念的新关系，这反过来又强化了你对一体原则的体会。

人们往往会告诉你，在接近一个原本不认识的人时，要小心被拒绝的风险。但一体原则告诉你，要把关注点放在建立联结的机会上。被拒绝代表着本身就不同频，这并不是一个糟糕的结果。但是，如果建立起了积极的联结，那么很可能你们就从此变成了更好的人。从这个角度看，这件事根本谈不上什么风险；相反，这就是那种你可以反复去下的赌注，因为实际上有很好的回报。

在建立新联结的时候，如果别人采取了主动，请保持开放心态。当一个人伸出橄榄枝时，请带着同理心和善良做出回应，保持友善。如果你发现这份关系不适合自己，那就坦诚地回应。当你觉得必须拒绝时，注意不要伤害别人。再一次，请保持坦诚和友善。另外，如果你感受到了同频，那就放下防备，听从感觉指引自己，请允许这段关系自然发展。

很多婚姻关系最终陷入了谎言和分离，原因就是其中一方或者双方都感到无法与对方建立联结，而且这种感觉可能已经很久了。然而，他们强迫自己留在这段关系中，无法与他人建立新的联结。这实际上是一种错误的"忠诚"，最终变成了一种控制的陷阱，偏离了一体的原则。这种控制只会让人更渴望向外探求，寻找人与人之间真正的联结，然后一些人选择了紧闭心门，而另一些人则在婚姻之外寻找其他亲密关系。于是人们开始撒谎，隐瞒自己的秘密，更加偏离了一体的原则。

当你处于一段亲密关系中时，请明白一件事：伴侣并不是你的私人财产。不要把对方捆得太紧，切断对方与外界建立联结的机会。如果你想获得清醒自主的成长，就要拥有开放的心态，能够与不同的人建立新的联结。实际上，在亲密关系中尤其不应该强迫对方与外部隔绝。

社会教条通常会在这一点上压制我们。我们被教导必须从一而终，永远只能和这一个人维持最深度、最亲密的关系。但现实却告诉我们，这样的关系经常会失败，最终迎来的是分离和疏远。虽然婚姻的法律关系还存在，两个人表面上还生活在一起，但实际上这份关系却在倒退，长期来看无法满足其中任何一方的感情需求。

在一段真正严肃认真的亲密关系中，你应该把伴侣的良好发展放在重要的优先级上。这包括尊重伴侣与他人建立联结的需求，有时只是比较随意的关系，而有时可能是相对亲近的关系。如果你最重要的关系让你无法与他人建立联结，那你就是拥有了一个牢笼，而不是真正清醒自主的伴侣关系。

关系与主导原则

你是自己人生的主导者。虽然运气也很重要，但如果你清醒自主地决定自己想要什么，并采取实际行动去追求目标，那至少能得到自己能力范围内的最好结果。掌握人生的指挥权，这并不意味着控制或者支配他人，而是你能够保持足够的自尊，知道自己完全有资格拥有真正想要的关系。本质上，关系是双方的事，你不可能只交给别人去做决定。如果你想拥有良好的关系，就必须学会成为自己人生中关系的主导者。

对我来说，提升交际能力是件挺难的事。我一直比较内向，小时候在幼儿园里，我就是那种独自堆沙子的小孩。相比跟别的小朋友交往，我更喜欢自己玩。我一直都在努力避免各种社交。后来我进入了一所全是男生的高中，这种环境确实有利于专心学习，但让我没能很好地培养与异性交往的能力。在整个学生时代，相比跟人打交道，我会觉得在跟电脑打交道时更自在。

大学毕业以后，我创建了自己的游戏公司。解决技术问题对我来说并不是难事，但我经常在人际交往中遇到问题。我总是在错误的时间，跟错误的人打交道，因为自己真的很不擅长识人。现在回头看，我简直不敢相信当时自己犯下的一些错误，但那个时候我就是那么无知。后来在艾琳的帮助下，我慢慢在人际关系上变得更灵光了，在这方面有了很大的提升。我经历了成长和蜕变，甚至在性格测试的结果上，最终从内向型转成了外向型。

一些人认为，通过掌握某些心理技巧，就能让自己在社交过程中装得很自信。但正如我在本书第 5 章中提到的，我觉得"成功之前先假装成功"是一种非常错误的做法。更好的做法是投入时间、提高沟通技巧，而不是虚伪地装出一副自信的样子。

你可以通过自己摸索来提高与人交往的技巧，但我的建议是，找一个老师会让事情变得更容易——当然，前提是你能尊重并实践老师教给你的东西。上大学的时候，有几个月我曾经请过一个私人教练。我只想让他帮我提高学习效率，他却不断尝试教我提高社交能力。我做了一份个人测试，他由此知道了社交是我的短板。于是，他总是给我一些"今天出去向10个陌生人微笑"之类的任务。因为我并不想做这方面的改变，所以我忽略了他的建议，最终停掉了那一期教练课程。但后来遇到艾琳的时候，我心里已经对与人交往这件事有了更多的重视。于是，最终我采纳了她的很多建议，内心也比以前少了很多抗拒。

找一个社交方面的老师其实并不难。观察一下身边的人，看看谁特别擅长与人打交道。就说你想提高自己的社交技巧，寻求一点建议，或许对方可以在一段时间里做你的老师。我的经验是，大多数人收到这样的请求都会挺高兴。帮一个内向的人变得善于交际，大家往往会觉得这是个挺有趣的挑战。

人际交往的能力，说到底只能通过实践获得提升。在网上搜，在书里找，这些都是不够的。在学到一定的理论之后，你就必须付诸实践。随着积累更多实践经验，你就会变得越来越得心应手，在与人交往的过程中变得更能自然地展现自己。

关系与勇气原则

勇气在人与人的关系中有着多方面的价值。首先,你要有勇气,才能克服恐惧,主动与他人建立联结。其次,你要有勇气,才能与他人拥有亲密关系。然后,你要有勇气,才能坦然承认一些关系已经偏离正轨。最后,你要有勇气,才能结束已经不再适合你的关系。

如果你想把新的关系带入自己的生活,那就别等着别人主动向你走来。你要学会采取主动。长期来看,被动等待会让你错失很多机会,最终只能后悔。如果你感到犹豫不决,那就用第6章的渐进式方法增强自己的勇气;或者如前面所说,你也可以找一个老师来帮你。

每当见到一个新朋友时,我通常会说:"嗨,我是史蒂夫。"相比使用各种所谓"技巧",我更喜欢保持坦诚直接。如果我得到了一个冷漠的回应,那我就该干吗干吗。有些人习惯用一张冷脸去面对友善的朋友,他们跟我不是一路人,所以也没必要非得和这种人建立联系。我更喜欢去结交那些开放、友好的朋友,而不是用热脸贴冷屁股。

应对拒绝和偶尔的尴尬,这是我们需要付出的一点小代价,而得到的却是人际关系上的丰厚回报。你那丰富的想象力会把内心的恐惧变成一个喷火的大怪兽,但实际上它只是一个微不足道的小妖怪。当你真正下决心面对的时候,它很容易就会被打倒。然而,小妖怪把守着的却是巨大的宝藏。真正巨大的损失，是你不去分享欢乐，不去帮助他人，是你拒绝了原本很好的伴侣。为了避免一点小拒绝、小尴尬，你实际上付出了巨大的代价。从长远来看，你或许并不会因为一些不成功的关系而太过后悔；你真正后悔的，是没有勇气去尝试那些关系，你永远都会心心念念那可能是怎样的关系。

时不时地，请停下来想想本心问题：自己当前拥有的所有关系，是遵从本心的吗？然后，清醒自主地做出选择——哪些关系想要保留，哪些关系想要加强，而哪些关系想要结束。不要满足于满是肤浅、空洞关系的生活。去建立真正深度的联结，去选择遵从本心的生活。

人与人关系中最困难的挑战之一，就是直面一段已然腐坏的关系。悲伤、怨恨、愤怒、愧疚、担忧……这些消极情绪会带来很多问题。如果你发现自己正面临这样的处境，请相信真实、爱与能量原则的指引。和对方进行一次真心对真心的交流，坦诚分享自己的真实想法和感受。当你这么做的时候，专注于分享你感受到的真实情况，而不要急着下结论或者指责。为了确保你表达的准确性，请使用第一人称（我感觉，我相信，我关心的是……），这样比第二人称（你说，你让我，你总是……）更能减少对方的抗拒。

当你和伴侣一起谈到关系中的问题时，请不要遮遮掩掩。无论你觉得结果会是什么，都请说出最真实的想法。如果对方一开始表现得抗拒，你也不要惊讶。保持坦诚地表达，同时认真倾听，尽最大努力去应对抗拒。表达清楚，你只是在寻求坦诚的交流，尽量让对方也接受这样的沟通原则。

在我和艾琳相处的过程中，曾经有很多次我都觉得我们要分开了。似乎有太多问题已经影响了我们的婚姻，造成了我们之间明显的隔阂，让这段关系偏离了真实、爱与能量的原则。但是，每当我们坐下来坦诚交流，有时候持续几小时，最终我们的关系又会变得更加亲密。实际上，为了让关系能够健康地发展，我们要能主动面对失去它的风险。我们必须相信，遵循真实、爱与能量的原则，这对彼此来说都是最好的。目前为止，这种沟通方式确实在让我们的关系变得越来越亲密。

有时你也许会发现，遵循真实、爱与能量的原则意味着要结束一段关系。然而，如果你的伴侣一直在让你偏离原则，同时又不愿或者不能纠正这个问题，那恐怕你最好还是离开吧。放过自己，去获得真正遵循真实、爱与能量的关系。当你要结束一段关系的时候，直接一点，坦诚一点，带着同理心，同时也保持坚强。说出你最真实的想法，坦然接纳随之而来的结果。结束那些无法让你感到满足的关系（包括长时间的婚姻关系），这其实没什么丢脸的。

不要因为担心未来的不确定性，而一直纠结于要不要离开。如果当前的关系确确实实让你偏离正轨，那就结束它。当你恢复单身的时候，未来总会有机会遇到新的伴侣。你不太可能身处在一段关系中，同时还能准确评估进入一段新关系的可能性。如果你身处一段关系中，周围的人会默认为你不是一个可选项，于是你也就不可能观察到真实的可能性，除非你从现在的关系中跨出去。

本质上，人类的所有关系都不是永恒不变的，所以请带着一份觉知：你现在拥有的所有联结，最终都会消失。对于当下拥有的联结，请学会珍惜，别把这些视为理所应当。同时，即使一份关系最终因死亡而结束，它也可以永远保留在你的心里。那些充满爱的关系的记忆，将变成你人生中最宝贵的财富。

关系与清醒自主原则

请尽你的最大努力，用真实的自我去和他人建立联结。这些关系不见得是完美的，但完美本身也没有必要。理论上，汽车的轮子也不是"完美"的圆形，但并不影响它们转得很好。类似地，你与他人的任何一份关系都不可能完美地遵循真实、爱与能量原则，但依然可以给你带来显著的成长。

如果想吸引更多新联结进入你的生活，你能做出的最好选择，就是专注于向这个世界表达自我。通过真实地表达自我，你会吸引到更多的人，从而更容易建立起同频的联结。

我通过写作和演讲向世界表达自我，随之而来的是，我收到了人们的很多反馈。每次演讲之后，有人会走过来向我介绍自己；每次我在网站上发布新文章，有人会给我写邮件分享他们的思考。这种主动的分享与交流，变成了我与外部世界建立更多新联结的方式。与此同时，这些交流又变成了我的信息输入,让我能够创作出更多的内容。人们把他们的想法告诉我,新的交流催生出新的创作灵感,分享创作又不断吸引更多联结进入我的生活。最终,这变成了一种良性的循环。

作为天生具有社会属性的人,你获得的多数成长其实都来自与他人的交流。有些时候这种成长是直接可见的,比如学生向老师学习;也有些时候这种成长是不那么直接可见的,比如亲密关系中的伴侣彼此学习。在这些多种多样的形式中,人与人之间的关系会成为美好的体验,值得我们去努力探索。

――

与他人分享彼此的生活,这是人生中最美好的事情之一,但与人建立关系并不是没有任何风险。与个人成长的其他方面不同,关系的代价往往更高,因为你犯下的错误可能会给别人带来很深的伤害。我们无法完全避免这样的风险,但遵循真实、爱与能量的原则能帮你解决很多问题。如果你犯下了错误,请学会原谅自己,也原谅他人。生活还要继续。

恭喜你已经读到了这里。在接下来的部分,也是本书的最后一章,我们将延伸边界,把个人成长从现实生活拓展到心灵的领域。

第 13 章

Personal Development for Smart People

心 灵

心灵的成长是个人成长中不可或缺的一环。真实、爱与能量原则并不局限于某种信仰,所以我们有充分的自由,可以去探索不同的信念体系。

——史蒂夫·帕弗利纳

在这一章,"心灵"这个词指的是你对于现实世界信念的集合,包括你怎样理解现实世界的运行,以及怎样理解自己在这个世界中所扮演的角色。无论你是加入某个宗教,自成一派,相信上帝造物,还是只相信现代科学,信仰都定义了你人生的整个背景。从这个层面上,我们所有人其实都有某种信仰,因为我们都必然持有对现实世界的某种信念。就算你什么都不信,这本身也还是一种信仰。

心灵的成长是个人成长中不可或缺的一环。真实、爱与能量原则并不局限于某种信仰,所以我们有充分的自由,可以去探索不同的信念体系。但这些原则也确实决定了,你选择信念体系的核心标准,是基于清醒自主。如果你的信念体系无法满足清醒自主这一基本要求,它就不能被称为一个合理的信念体系,因为它违背了通用的成长原则。如果一个信念体系是虚假的,或者把你与现实割裂,或者削弱你,那这种信念体系就违背了个人成长的基本原则,只会把你引入迷途。

社会教条经常告诉我们,要对自己的信念体系保持"忠诚",甚至要用这种信念来定义我们自己。我们会说"我是个基督徒"或者"我是个不可知论者",就好像这种信念体系直接定义了我们这个人,从此就不能再改变了。在这一章,我会向你发起挑战,让你从真实、爱与能量原则的视角,去重新审视自己的信念体系。我的目的不是要说服你相信某种观点,而是帮你把清醒意识带入自己当下的信念体系中。

心灵与真实原则

一个合理的信念体系必然要基于真实。这就意味着，我们需要尽最大可能去准确地觉察现实世界。但问题是，当我们试图理解世界的本质时，怎样才能达到足够的准确性呢？我们不能仅仅用自己的眼睛和耳朵去寻找人生的意义。

一个有效的办法是，学会用不同的信念体系来审视现实世界，从而看到最全面的图景。你的信念体系就像滤镜一样，引导你看见现实的不同方面。穆斯林、佛教徒和不可知论者，他们看到的世界可能是不同的，然而其中一定也有某些重合的部分。当我们把矛盾的部分剥离之后，看到的就是剩下的共识。不同信念体系中最高尚的那一部分，都同样由真实、爱与能量这些基础原则所支撑。不同信念体系重合的部分，都同样崇尚真实、爱与能量这些原则。与之相反，在彼此相互冲突的问题上，你通常就会看到虚假、孤立和削弱的存在。虽然世上有无数种不同的信念体系，但令人高兴的是，我们能看到其中共同的主导理念，就是所有人都本能地崇尚真实、爱与能量这三条基础原则。

视觉立体化是我们人类最神奇的能力之一。我们的眼球捕捉到的其实是二维画面，而大脑和视神经则能快速地把这些二维信号转化成三维画面。虽然眼球感知到的是二维信息，但通过把这些信息进行整合，我们最终看到了三维的立体世界，而这个世界比原本的二维画面丰富得多。你也可以说，这是对现实的一种更有用的呈现方式，对第一手信息进行了加工整理。就是通过这种方式，我们的不同感官收集了大量信息。于是，我们才能出门跟朋友吃晚餐，视觉、听觉、嗅觉、味觉、触觉收集的所有信息综合在一起变成了体验，而这种体验比各个感官收集到的原始信息丰富得多。

在信念这件事上，我们同样也能接收到很多不同的信息。但遗憾的是，我们大多数人从小受到的教育是要把注意力放在大量信息中的某一小部分上，同时把其他信息视为无意义的或者错误的。这种盲目的信念给我们带来了实质性的问题，而这些问题最终通过各种各样的形式体现出来，比如抑郁、孤独、无助以及无意义感。

你的身体感官就像不同的滤镜，你通过这些滤镜感知到现实世界的不同部分；同理，你的信念也像滤镜一样，这种过滤会把你的注意力吸引到少数被加工过的信息上，而这些信息可能对你没什么用。实际上，你接收和整合的信念数据越多，信念体系就越丰富和完整，也就越能准确地反映现实。

你的信念感知方式包括：

- 第一视角（我／我们）、第二视角（你／你们）、第三视角（他／他们）。
- 主观视角（意识占据主导）、客观视角（物质占据主导）。
- 直觉与本能。

- 感觉与情绪。
- 逻辑与推理。
- 理想与想象。
- 宗教（基督教、佛教）与哲学（无神论、怀疑论、达尔文主义、浪漫主义）。
- 文化（时尚品位）、社会（固有成见、性别差异）、政治（公民权利）、经济理念。
- 功能性想法（做什么工作，吃什么食物，怎样与人沟通）。
- 个人信念（目标、价值观、期待）。

假设你正在给自己做晚饭。你可以用眼睛查看食材，用耳朵听计时器的响声，用鼻子闻味道，用舌头品尝。如果你想试一下，不妨只使用一两个感官，你可能就发现做饭变得困难多了。

同理，当我们面对人生中关键的信仰问题时——比如我是谁，我的人生使命是什么——我们可以选择调用自己的所有信念感知渠道，或者选择只接收少数几个方面的信息。通常来说，如果我们给自己加上了太多限制，就会让事情变得更困难，这就好像把眼睛蒙起来、把耳朵堵上做饭一样。这种事情经常发生——比如当我们说："我只想选择这一种信仰，因为这就是唯一的真相。"

我们的感知滤镜是用来观察现实真相的工具，这些工具本身并不代表真相。我们感知到的信息，难免或多或少是被加工过的。我们无法直接感知到光波或者声波的震动，我们最终看到的是一张照片，听到的是一首歌。在中间的加工过程里，大量原始信息会流失掉。不同感官把感知到的信息加工出来，我们最终得到的就是复杂加工之后的结果。

我们的原有信念和认知的滤镜，用类似的原理把现实世界呈现给我们，最终呈现的结果也是被层层加工过的。比如你想了解超自然的东西，那么能得到什么？如果你戴上基督教的滤镜，你可能会祈祷，从而与天使和圣徒建立联结；如果你戴上印第安人的滤镜，你可能会在脑海中想象，寻求祖先和某些动物的指引；如果你戴上无神论或者怀疑主义的滤镜，你可能就会什么都看不到，或者找到一些还需要进一步研究的问题。然而，其中任何一个都不是全部的真相。你实际上感知不到现实世界最原本的样子，因为原始信息的数量超出你的认知能力。你能接收的，是经过高度加工之后的那个结果。

虽然每种视角提供的信息都是有限的，又各自进行了不同的过滤和加工，但你可以把这些不同的信息综合起来，最终获得一个更准确、更全面的图景。对于同一个现实世界，不同的信念体系提供了不同的视角，这实际上能帮你获得对真相的更全面认知。

我们可以通过科技来扩展自身感官的能力，比如使用夜视镜或者天线；同样，我们也可以显著提升心灵的感知能力。学会探索不同的信念体系，用不同的视角进行思考，这让我们拥有不同的滤镜，然后将它们放进自己的认知工具盒里。实际上，这些滤镜跟我们的感官面对的是相同的现实，滤镜有着不同的呈现方式，往往能揭示出我们的感官所忽略的信息。

我们的眼睛也许在视觉处理上已经足够好了，但如果能有显微镜、望远镜的辅助，我们就可以捕捉到更多的信息。同理，某个信念体系（比如不可知论或者基督教）或许可以提供对非物质世界的部分洞见，但任何一个系统都有自身的盲区和局限性，这就是信息加工过程中存在的问题。然而，如果你能掌握很多种信念体系，那最终获得的信息就会变得更完整。

对于不同的问题，你怎么知道哪种信念体系最合适？答案是，就像你在现实生活中学习使用工具一样，你会在使用的过程中逐渐掌握。你有没有犯过这种尴尬的错误，就是试图用"舔一舔"的方式来了解别人？你还是个小孩子的时候肯定这么干过，但现在你知道了用眼睛和耳朵更合适。通过不断尝试，你会知道不同的情况适合什么样的工具。

当然，我们依然会时不时地犯错，有时候我们会错误地调用感官。你是否有过这样的情况，发现自己不自觉地盯着喜欢的人，嘴上却不知道说了什么？或者，你的眼睛能看到自己已经变得越来越胖，但嘴巴却让你吃个不停？这些都是典型的使用错误，但说到底，我们拥有很多个感知器官，这让我们的生活变得更丰富了。

学会从不同的视角看待现实，你能够突破很多单一信念体系的局限，逐渐把错误信念从自己的信念体系中移除，填补自己的认知空缺，最终活得更加真实。

心灵与爱原则

践行以爱为中心的信念,能够帮助你加强与自我、与他人的联结。一些修行者会选择隐居,与社会相隔绝,但你其实没有理由选择这样一种生活方式。在与世隔绝的状态下确实有可能利于心灵修行,但爱原则的观点是,与人进行联结至少也具有同等的重要性。如果我们所有人本质上都是相互联结的,那为什么不能用联结的方式来修行呢?

内观与冥想都是强有力的修行方法,可以帮我们向内联结,但最好的选择其实是同时向外进行丰富的探索。我们可以让自己的心灵从内外两个方向精进。有些时候,你能从沉静中找到答案;有些时候,你则需要从交流中获得启发。请对两种方法都保持接纳。

人际关系可以为心灵成长带来丰富的资源。如果我们独处的时间太久,就有可能与现实世界产生偏离。保持与外界的联结则能避免这种问题,因为当我们的思维变得过于脱离实际时,其他人就可以及时提醒我们。心灵的修行,追求的是更加准确地感知我们身处的现实世界。如果我们把他人都隔绝在外,那实际上就隔绝了太多可能有用的信息,我们的感知模型也就注定是不准确的。

要想让心灵得到发展,我们需要从不同角度自由地探索现实世界,从而让自己的认知更加全面。你探索的范围越广,与这个世界建立的联结越多,心灵就成长得越快。如果你有强烈的感觉希望建立某个联结,那就请听从直觉的指引。

比如,我也不知道为什么,自己在20多岁时就对拉斯维加斯这座城市情有独钟。我每次驱车300英里,前前后后去了几十次。有时候和朋友一起,有时候和妻子艾琳,而有时候只有我自己。虽然拉斯维加斯也被称为罪恶之城,但我感到自己与这座城市有着某种特别的联结。2004年1月,我们全家从洛杉矶搬到了拉斯维加斯。现在回头看,这成了我人生中最棒的决定之一。从理性的角度,我也对这个选择有过怀疑,但我能感到自己的内心愿意做这件事。

如今我已经在这里生活了很多年,而且越来越喜欢这座城市了,这里比任何其他地方更让我有家的感觉。我尤其心怀感激的是,在这里还认识了很多非常棒的朋友。我甚至还专门写过一篇文章,分享在拉斯维加斯的生活,以及我为什么如此喜欢这里。

搬到拉斯维加斯生活,这个决定最终极大地促进了我心灵层面的成长。一方面,这里的新朋友给我带来了很多重要的人生新体验;另一方面,生活在一个到处充满各种诱惑的城市,我变得自控力更强了,更善于屏蔽分心事物,专注于自己的心灵成长。通过遵从本心的指引,我获得了自己需要的成长体验。

在以往的很长时间里,我曾经沉迷于一些不好的事情,但我必须承认,这些经历极大地推动了我的心灵成长,因为确实给我提供了很多有价值的信息。有时候我们可能会走入歧途,偏离真实、爱与能量这些基础原则，但长期来看，这种偏离也可以让我们学会更好地保持正轨。对我来说，如果从来没有体验过这些不好的东西，人生中很重要的一部分经验也就没有了。我现在可以坦诚分享自己的过往，一个重要的原因是，我知道不坦诚是什么样的感觉。同样，我能够保持清醒自主地生活，因为我很清楚浑浑噩噩的生活是什么样子。

我是在怂恿你去尝试有害的事情吗？当然不是！实际上，我没法告诉你应该去做什么，因为这违背了主导原则。你才是需要为自己做出选择的人。但我还是要多说一句，无论你做出了什么样的决定，我都不会对你做什么评判。我能给你的最好建议，就是请遵从你的本心，看看它到底指向何方。

心灵与能量原则

你能做出的最有能量的人生选择之一，是把你持有的信念和你自己区分开来。无论你多么坚定地遵从某个信仰，它都不能完全定义你这个人；如果你改变了信仰，你也依然是你。僵固不变的信念体系只会限制你的成长，就好像让你永远闭着一只眼睛看东西，结果让自己的视觉能力难以充分发挥。

我们对自己固有的信念存在着某种执念——尤其是与文化和精神相关的信念——这很不幸，却也很普遍。拥有某种内在信念是一件好事，但把信念等同于自己，用某个固定不变的信念来定义自己，这是一种错误的做法，只会削弱我们的能量。

正如真实原则告诉我们的，信念体系只是滤镜，你通过滤镜来感知现实，但每个滤镜都只揭示了一部分现实。你体验过越多种类的滤镜，感知到的世界就越完整。即便你对某个滤镜情有独钟，那它也只是一个滤镜，并不能用它来定义你这个人。把眼光局限于某个单一视角，这只会限制你的能量，让你无法与持有其他滤镜的人建立联结。

对很多人来说，上面提到的这种观点可能会让人难以接受，因为我们从小到大已经习惯了用信仰来定义自己。不再用某种思想来进行定义，相信任何信念都只是滤镜而不能代表我们本身——这种观点可能会让人感到不安。社会教条总是告诉我们，要把某种具体信仰变成我们身份的一部分。

你崇尚资本主义吗？你是个基督徒吗？你是个怀疑论者吗？这些问题的问法，本身就假定了你必须回答"是"或者"不是"。但本质上，这就好像我问你：你是一只眼睛吗？你是一只耳朵吗？你是一个鼻子吗？实际上，更合理的问法应该是"你理解基督教的视角吗"，而不是试图用这种信仰来定义你这个人。当你开始把某种信念体系跟自己捆绑在一起时，你就是在人为地限制自己的感知能力。这种做法违背了能量原则。

用信念体系来定义人，这也是很多社会冲突的根源。分歧、争论甚至战争，往往都源于对某种单一视角的固执。对我们来说，学会用多种视角看待现实，共同探索世界的真相，这远比跟持有某个信念的人做斗争更有用。各种信念滤镜本身并不代表真相，它们只是分别揭示了不同方面的真相。

每当人们问我有什么宗教信仰时，我会告诉他们，这个问题毫无意义。我是一个清醒自主的人，我不是某个宗教物体。我了解很多常见的信念体系，而且还亲身体验了一些，但我不会用其中任何一个来定义自己。我把自己的信念体系看成一个装满了滤镜的工具盒，我可以从中自由选择，这些滤镜都是我自身感知能力的延伸。用电脑工作的时候，我就把注意力放在眼睛上；打电话的时候，我就把注意力放在耳朵上；缴税的时候，我就变成一个功利的无神论者；跟别人讨论耶稣的时候，我就通过基督教的滤镜去看待问题；冥想的时候，我就选择佛教或者新世纪哲学。我可以在不同场景下自由选择不同的滤镜，唯一的依据就是：它是否让我在当下时刻更有能量。

如果你刚开始尝试用不同的滤镜审视现实，特别是如果这些滤镜之间本身还存在矛盾，你会感觉这件事好像根本行不通。你就像一个刚出生的婴儿，试图搞清楚周围世界的光线、声音等信息。你可能会感到困难，感到沮丧，似乎在接收着大量没有用的信息。

这个时候，请对自己保持耐心。通过一定量的实践，你会逐渐学会把不同角度的信息整合起来，形成一个完整的画面。一开始你需要付出很多努力，在不同视角之间切换，不断问出很多问题：佛教徒会怎么看这个问题？基督徒会怎么解决这个问题？

最终，你的潜意识会掌握这种技能，于是你就能在多种角度之上感知完整的画面。这个时候，你会获得一种全新的清晰感，那种感觉就像婴儿第一次意识到面前移动的东西是自己的手。这并不是一种终极的清晰感，但你可能会发现，很多过去困扰自己的问题都变得简单起来。

如果想要遵循能量原则，就需要摒弃那些削弱你的限制性视角。试着去厘清金钱、宗教、信念、情感这些生活中不同方面之间的内在联系。对于这些问题，社会上常见的观念往往只能给我们提供一些无效信息。这就是为什么，这么多人付出了这么多时间去寻找答案，结果却还是令人感到无比困扰。然而，如果你用多种不同的视角来审视这些问题，就更容易看到完整的答案。这种更全面的视角能帮你找到有效的解决方案，最终获得财务的富足、情绪的平静、心灵的成长，同时又没有那么多矛盾和纠结。学会从不同的视角审视自己面临的问题，这会让你获得更多能量，而完整的答案也会逐步显现。实际上，通过这种方式，你获得了以前从未有过的问题解决能力。

比如，如果你想在金钱、情感和精神这些方面取得平衡，一个答案就是把自己的人生聚焦于利他。如果你专注于创造价值和做出贡献，最终必然会在一定程度上收获快乐和财富，同时也找到一种意义。从金钱的角度来看，这个答案行得通；从情感的角度，行得通；从心灵的角度，也行得通。当我们用这种多元视角来思考时，这个答案的好处就很明显。然而，我们经常会忽视这种多元视角，因为我们习惯于持有某个单一的信念体系，结果让自己无法看到全貌。我们固有的习惯其实是人生路上的阻碍。

一个真正有效的信念体系应该是足够灵活的,能够帮你应对生活中不同领域的问题,而不是将问题割裂看待。你的信念体系应该让你有能力赚到钱,有能力解决人际关系问题,同时也能够在情绪上感觉良好。采用某个单一视角是无法达到这种状态的。多元视角能带来更有效的结果,这种视角能让你更好地与真实、爱和能量原则相一致。在终极意义上,你在生活中面对的诸多问题,其解决方案都是遵循这些基本原则行事的,而多元视角比单一视角更能帮你做到这一点。

用某个单一视角来定义自己,这就好像蒙住了你的眼睛,堵住了你的耳朵。在心灵成长的道路上,这是一种非常削弱自身能量的选择。请解除这些限制,把自己从固有的单一视角中解救出来。保持开放,合理运用不同的信念体系,在遇到全新信息的时候尤其要这样。

怎样才能有效提升心灵的感知能力?答案是,去寻找那些持有不同信念体系同时你确实能从中获得能量的人,向他们学习,从不同文化背景的人那里吸收信息。看看为什么佛教僧侣能如此平静,看看为什么专业运动员能保持那么高的竞技水平,看看为什么富豪能获得如此多的财富。读他们写的书,跟他们见面(如果你能做到的话),去探索一下其中的秘密。

通过这些学习,你会发现一些信念比另一些信念更容易产生积极的结果。比如,你可能一直做不到每天坚持冥想,那你显然就跟那些每天冥想的人有着某些不同的信念。你可以去向他们学习,获取他们的知识,然后优化自己的行为。他们都怎样看待问题，你能怎样用他们的理念来提升自己的冥想水平？有哪些事情是他们知道但你忽视了的？他们运用的哪些感知能力是你没想到的？

多元视角，就是一种把多种视角与现实相结合的人生哲学。每当你发现自己的信念体系跟现实情况相违背，可能就需要换一个视角来看了。相比执着于限制性的信念、阻碍自己前进，多元视角显然更加有效。你对现实的真实感知往往是有道理的。

我们都有一种本能，就是害怕和抗拒未知。所以，让自己的信念体系保持高度灵活，这种理念可能会让你望而却步。这会让你丧失自我吗？这会让你丧失根基和道德吗？我的经验是，这些担忧其实没什么道理。请允许自己拥有丰富的感知工具，这会增强你的内在能量，让你有勇气做出真正遵循自己价值观和道德的选择。

心灵探索的真正意义，在于帮助你做出清醒自主的人生选择。对现实不准确、不完整的认知会变成你的阻碍。你越丰富自己的信息输入，就越能做出好的选择，而这最终会让你和身边的人都受益。为了把更多能量带入心灵探索的道路，你需要学会开放地接纳不同的视角。如果你紧闭心门、对新的信息敬而远之，那就偏离了能量原则，你的心灵成长就会因此受阻。

心灵与一体原则

我们所有人本质上都是相互联结的，所以，我们所有人的信念选择也会给他人带来影响。心灵成长不仅是个人的事，也是关乎所有人的事。

在 12 岁时，我认识了一个朋友，他是个无神论者。于是，我默认为他肯定是受了什么误导，或者他是个邪恶的人，因为从小受到的教育告诉我应该这样看待非天主教徒。他不相信上帝，所以我认为他这个人肯定有什么严重的问题。这种人除了死后下地狱，还会有什么别的结果吗？然而，当我熟悉他以后，我惊奇地发现他其实是一个很好的人，而我们也保持了很多年的友谊。我想尽一切办法，但始终没找到他是坏人的证据。这让我陷入了困惑，因为这跟我受到的教育是矛盾的。信仰告诉我应该远离这个朋友，但我选择遵循爱原则，跟他保持了友谊。这段经历成了我在心灵成长道路上关键的一部分。

这世上很多严重的冲突，源于那些把他人视为低等的、有害的或者邪恶的等信念。如果我们想要清醒自主地活着，就必然摒弃这种信念，因为这完全违背了真实、爱与能量的原则。当所有小细胞都选择彼此伤害的时候，世界这个大躯体是不可能健康运转的。

你在心灵成长这条路上的一个责任，就是确保自己始终心怀遵循一体原则的信念。如果忽略了这份责任，你往往会给他人带来伤害，因为你在推动人与人之间的孤立而不是联合。只有我们每个人能从个体层面遵循真实、爱与能量这些原则，整个世界才能变得和谐。

心灵与主导原则

不遵循主导原则意味着，把你的心灵成长交给自己之外的其他人。这显然是个错误。你必须做自己人生的主导者，而不是交给上帝、权威、专家或者导师。你的心灵成长需要由自己来掌控。尽管去请教任何你想请教的人，但永远别忘了你才是最终的指挥官，你不能把这个主导权交给其他任何人。说到底，这是属于你自己的探索之路。

如果想让自己的信念遵循主导原则，这些信念首先必须是有效的。这里的"有效"指的是，这些信念需要满足以下这8条标准。

1. 准确

有效的信念必须与你观察到的现实相一致，信念不能与任何你已知为真的现实相互矛盾。

2. 完整

为了让信念足够有效，这些信念必须能解释你过往的所有现实经验。如果你经历过的某些事情无法用这些信念解释，那就说明当前的信念体系还不够完整，而一个不够完整的信念体系就不能被完全信任。

3. 灵活

有效的信念体系应该能适应不同的情况，这些信念体系可以用在职业领域，也可以指导金钱、关系、生活方式等诸多方面。

4. 道德

任何引导你伤害自己或者他人的信念,都不可能是有效的。这些具有伤害性的信念根植于恐惧和冷漠。有效的信念永远不支持暴力和欺骗。

5. 一致

你的所有信念需要具备内在一致性,或者你要有明确的方法来解决不一致性。

6. 清醒自主选择

你会受到来自家庭和社会的信念灌输,但作为一个清醒自主的成年人,最终持有的信念必须经过你自己的确认、检视、筛选和整合。这是一个可能会持续很多年甚至一生的过程。

7. 增加快乐 / 减少痛苦

有效的信念会让你感觉良好,要么改善你的情绪状态,要么改善你的现实结果。有效的信念还应该能让你看清更多未知领域,从而减少你的恐惧。

8. 带来能量

有效的信念应该支持你去体验任何可能性,而不是让你错把可能视为不可能。在符合道德标准的前提下,信念不应该过分限制你的能力。如果你认为一件事是不可能的,那它必须是真的不可能。如果一个信念只是充当安慰剂,却以此限制了你的能力,那这个信念就是使人削弱的,而且也是不准确的。

花一点时间，把你现在持有的信念写下来。对于自己的健康、职业、关系、金钱和心灵等方面的状态，你持有什么样的信念？用上面 8 条标准审视一遍，看看这些信念到底怎么样。如果你不喜欢眼前看到的结果，那就写下一些更有效的信念，把之前的替换掉。要知道，信念不仅是你对现实的观察结果，还会反过来定义和改变你的现实。如果你认真想一想，可能会发现：自己原本认为最神圣的那些信念，很多都埋藏着虚假的东西。

心灵与勇气原则

在如今这个世界里，自己独立思考、拒绝盲目接受别人灌输的信息，这是一件很需要勇气的事。坚持遵从本心的方向而无论别人怎么看，这是只有你自己才可以做出的选择。说到底，心灵成长是高度个性化、高度清醒自主的事情。

在心灵成长的道路上，你可能会经历一些持续很长时间的困扰，有时候几周甚至更久。在这些时候，你可能会感到孤独，感到缺少联结。你会感觉看不清现实，似乎很多事情都变得无法确定。

这种仿佛心灵暗夜的状态，意味着你有大量的认知正在被重建。你的内心开始重新审视过去的思维模式，只有经过这种审视，你才能跨越到新的认知。遗憾的是，有时候旧信念会形成阻碍，而新的认知还没有完全形成。在这种情况下，你就会产生那种高度的不确定感。没有什么办法，你必须度过这个阶段。但幸运的是，当你完成这些跨越之后，就会进入非常清晰的状态。那种感觉就好像，你的心灵得到了重新调整，获得了对现实世界全新的认知。

一些年以前，我就经历过这样的认知跨越。我试图把更高层级的成长追求和自己从事的工作相协调。一方面，我热衷于帮助他人成长；另一方面，我在生意方面也确实做得挺不错。然而，那时的我缺少一种整体的信念体系，难以把这两个方面很好地统一起来。我一边做生意、试图赚取更多财富，一边又想要尽可能无私地帮助他人，这两者让我感到很矛盾。在挺长时间里，我陷在这种内心的纠结和不确定状态中。最终，我找到了一种自己认可的哲学：我们每个人都是世界这个大躯体中的小细胞，而大躯体的健康取决于每个小细胞的健康。这也就意味着，如果我想要有效地为他人提供价值，首先就要确保自己的需求得到满足，否则贡献就不可能持续。

心灵与清醒自主原则

如果想让心灵成长始终与真实自我相一致，你就不能割裂地看待这件事。你不能每周末挑 1 小时来做遵从内心的人，然后下个周一又开始浑浑噩噩地工作。清醒自主的心灵成长，这是一件持续而完整的事情。你需要把生活中的所有方面整合进来，包括职业、财富、健康、关系，等等。

最好的心灵成长，就是与真实、爱和能量这些原则保持高度一致，这也就意味着高度清醒自主的人生状态。任何有效的心灵成长，最终都一定是高度真实、有爱和充满能量的；进一步延伸，还必然是高度遵循一体、主导与勇气这些衍生原则的。心灵成长的终极追求，就是努力遵循这些原则生活。

真实、爱与能量原则是通用的，所以有效的心灵成长也必须具备通用性。这意味着，哪怕对于缴税这样的事情，你的信念体系也应该是适用的。如果你遇到自己的信念无法匹配的情况，那说明现有的信念体系通用性还不够，也意味着它还没有完全遵循真实、爱与能量的原则。哪怕对于修草坪这样的日常小事，也应该能用这些原则来指导自己。其他真正称得上通用的原则，也应该符合这样的标准。

在人生道路上，如果你能始终保持清醒自主，选择遵循真实、爱与能量原则的生活，最终得到的将会是内心的智慧与平静。你会获得前所未有的清晰感，生活中的所有方面都将更加和谐一致地运转。

我们所有人共同的心灵成长，根植于每一个人对真实、爱与能量这些原则的追求。这些基础原则是我们在人生路上的指引。如果真有这种可能，让世上的每一个人都赞同一种心灵哲学，那一定是包含了这些原则的一种哲学。

后　记

正如本书开头所讲,"聪明人的个人成长"指的是:让你的人生在更高程度上遵循真实、爱与能量的基础原则(以及进一步的衍生原则)。当你的信念和行动真实、有爱又充满能量时,你也就是在清醒自主地生活。生而为人,这也许是我们最明智的选择。

我非常希望把这本书中的理念分享给你,同时,这也是我自己最需要读的一本书。每当我遵循个人成长的七条原则时,生活就会运转得更好:我能够专注于创造性的自我表达,有效地为他人提供价值,获得丰厚的财富,内心也感到快乐和满足。然而,每当我偏离原则时,生活就开始出现问题:我会做出错误的选择,遇到各种难题与阻碍,陷入艰难生存的状态,内心感到孤独而压力重重。

如果要总结出这本书传递的最核心信息,那就是:

保持开放,去探索生活的真相。勇敢接纳你发现的真相,还有随之而来的结果。摒弃虚假、否认和恐惧。让真相成为你的朋友,而不是敌人。这并不容易,却是正确的选择。

分享你的爱。与真实自我,也与他人建立联结,其实那些联结本就存在。在爱的联结面前，被拒绝的风险不值一提。无论何时你感到孤独，请向外探索，与他人建立联结。要记得，你永远是被爱的。

最大程度地发展你生而为人的能力，发挥你的能量，为这个世界带来积极的改变。虚假的能量会随时间消逝，而真正的能量必会升起。你越遵循真实与爱，就越能有智慧地驾驭自己的能量。如果你选择退缩，这世上没有人会因此受益。

拥抱属于你自己的成长之路。用心智与直觉作为指引，清醒自主地追寻真实、爱与能量的方向。通过创造性的自我表达，去给予，去贡献；你收获的将会是富足，而不是贫乏。你给这个世界送上的最丰厚礼物，就是充分展示出真实的自己。

享受这奇妙的人生旅途。坦然接纳这一路上的起起落落，你最深的悲伤中也隐藏着最深的快乐。把你的故事分享给更多人，知道自己并不孤独。对于生命这场盛宴中的每一分每一秒，心怀感恩。

清醒自主地活着。

资　　源

以下是一些免费资源，也许能让你在个人成长的道路上获得帮助。

本书辅助信息：www.StevePavlina.com/smart
充分利用这些免费资源，协助自己更好地运用个人成长的七条原则。

史蒂夫的博客：www.StevePavlina.com/blog
这里有很多个人成长相关的深度文章，经常更新。

史蒂夫的音频：www.StevePavlina.com/audio
这里有免费音频文件，涵盖个人成长领域的很多主题。

论坛：www.StevePavlina.com/forums
在这里你可以见到很多追求成长的朋友，大家来自世界各地。这是一个可以提供很多支持的社区，你可以在这里寻求帮助。

联系史蒂夫：www.StevePavlina.com/contact
你可以给史蒂夫发送信息，包括分享阅读这本书的感受。

欢迎访问：www.hayhouseradio.com

关于作者

史蒂夫·帕弗利纳，全球知名个人成长网站www.Steve-Pavlina.com主理人。在网站上，他累计分享了700多篇原创文章、20多条音频，内容涵盖效率、关系、心灵等个人成长领域的诸多主题。他每周都会发布新的内容，网站每个月都被来自150多个国家和地区的200多万人浏览。在创建这个网站之前，史蒂夫经营着一家名叫Dexterity Software的公司，主要从事游戏开发和推广，他在这个领域工作了十几年。他同时兼任一家非营利性软件开发者协会的主席，并入选了协会的名人堂。2004年，他主动选择离开游戏行业，转向个人成长这个全新的领域，这个选择最终改变了他的人生。截至本书出版时，他和妻子以及两个孩子一起生活在拉斯维加斯。

史蒂夫的人生使命：

清醒自主、充满勇气地生活；
享受，增益，分享平静、能量、热情与富足；
与爱和悲悯之心共鸣；
唤醒他人内在的伟大灵魂；
全然拥抱当下时刻。